大学生职业探索问题及对策研究

李　凌◎著

北京出版集团
北京教育出版社

图书在版编目（CIP）数据

大学生职业探索问题及对策研究 / 李凌著. -- 北京:
北京教育出版社, 2024.8
ISBN 978-7-5704-6494-4

Ⅰ.①大… Ⅱ.①李… Ⅲ.①大学生—职业选择
Ⅳ.①G647.38

中国国家版本馆CIP数据核字(2024)第100967号

大学生职业探索问题及对策研究

李 凌 著

*

北 京 出 版 集 团
北京教育出版社 出版
（北京北三环中路 6 号）

邮政编码：100120

网址：www.bph.com.cn

京版北教文化传媒股份有限公司总发行
全国各地书店经销
河北宝昌佳彩印刷有限公司印刷

*

710 mm×1 000 mm 16 开本 12 印张 167 千字
2024年8月第1版 2024年8月第1次印刷
ISBN 978-7-5704-6494-4

定价：58.00 元

　　高校大学生就业问题一直是社会热点问题，学者从不同角度对其进行了广泛而深入的研究。有的学者从教育学的角度出发，关注高校人才培养与劳动力市场需求之间的差异，并关注高校职业生涯规划教育的困境与出路；有的学者从心理学的角度出发，关注大学生的就业压力和职业决策困难的问题，并借助人格理论和积极心理学的研究成果，着重从心理健康的角度理解就业问题；有的学者从社会学的角度出发，关注大学生在职业选择和职业转换过程中表现出的一些群体性特征和亚文化现象，如"斜杠青年""慢就业""啃老族"等；还有的学者从劳动经济学的角度出发，关注个体的人力资本投资回报的问题，或者说是教育回报率的问题，他们更关注过度教育及技能错配的现象。

　　本书是对以上研究的综合与拓展。本书主要结合社会学、经济学、教育学等理论知识，运用实证研究方法，借助问卷调查和中国家庭追踪调查的数据，对大学生就业与职业生涯规划教育的相关问题进行探讨，旨在理解大学生的职业选择，找到各种差异行为背后的影响因素，丰富人力资本、社会资本与心理资本的相关研究，并进一步利用这些研究成果指导高校职业生涯规划教育，开创具有本土特色的职业生涯发展理论，力图更为贴近我国当代社会现实和当代大学生的成长规律，从而为高校改革人才培养方式和课程教学提供经验支持。

本书共分为五章。第一章运用生涯理论分析了大学生就业的热点问题，这些热点问题主要是"慢就业"和"灵活就业"。这一章还从生涯概念的哲学意义和现实意义出发，对高校毕业生"慢就业"的现象进行了分析，并找出了大学生选择"慢就业"的原因，然后分析了"灵活就业"与收入的关系，试图指出"灵活就业"是解决"慢就业"问题的有效途径之一。第二章分析了大学生人力资本对就业的影响，从新人力资本理论出发，研究了认知能力、非认知能力对收入的影响，以及教育与技能的错配状况，此外，还探讨了技能证书对起薪的影响，旨在引导大学生理性看待"考证热"。第三章研究了大学生社会资本对就业的影响，区分了先赋性社会资本与后致性社会资本，分析了家庭社会经济地位与社会性参与对求职效率、就业倾向及起薪的影响。第四章探讨了大学生心理资本对就业的影响，特别是运用了虚拟简历的实验方法研究了大五人格品质对求职的影响。第五章落脚到高校职业生涯规划课程设计，从新高考的背景入手分析了大学职业生涯规划课程与团体辅导课程，以及入学教育前置课程对大学生适应力的影响，最后通过"三位一体"混合式教学设计实践提出了高校职业生涯课程教学改革的建议。

　　本书的部分内容来源于省部级项目"基于互联网＋课程思政的高校职业生涯规划课程教学模式研究""基于智能生涯理论视角的大学生生涯资本的实证调查与提升策略研究""高校毕业生专业错配与技能错配水平及影响因素研究"的部分研究成果，其中调研数据主要来自重庆市高校大学生的样本，教学实践主要来自重庆理工大学职业生涯规划教育教学的实践，在课程建设方面，该校职业生涯规划课程以"新文科"建设为指导，依托市级"三特"计划特色专业和"工商管理"特色学科专业群的核心师资力量，设计了"三位一体"混合式教学模式，取得了良好的效果，使更多学生扎根西部和服务基层，教学资源和成果丰富，产生了较强辐射效应。该教学创新成果获得了2022年全国第四届混合式教学设计创新大赛优胜奖、2022年重庆市高校教师教学创新大赛三等奖、2023 年全国第五届混合式教学设计创新大赛优胜奖，并被评为 2023 年校级一流课程建设项目、2023 年校级课程思政示范课建设项目。

由于笔者水平有限，书中有些研究挖掘得不够深入，疏漏之处在所难免，敬请同行和广大读者批评指正。

李 凌

2024 年 2 月于九龙坡

目 录

第一章　生涯理论视角下大学生就业的热点问题分析

第一节　生涯概念的哲学意义与现实意义

高校扩招以后，大学生就业难一直是社会的热点问题。一方面，每年社会所提供的新增就业岗位无法跟上高等教育的快速普及；另一方面，高等教育变革的滞后性又无法满足新兴科技对人才技能的需求，导致了"求职难"与"招工难"同时并存。经历了长期的学习，有些大学生越来越难找到学习的动力，越来越难理解学习的专业与未来职业的关系，根据边际效益递减的原则，课程上得越多，他们越容易对学习产生厌倦的情绪。[①]从这个意义上来说，在高校中普及职业生涯规划教育能够成为专业教育的有益补充，促进大学生从教室走向社会，从关注自我转向关注他人，从知识记忆变为知识运用。但是，由于在教师队伍、课程性质、教学方式、教学内容上存在着陈旧性和表面性等问题，职业生涯规划课

---

① NECHYBA T J. Microeconomics: an intuitive approach with calculus[M]. Boston: South-Western Cengage Learning, 2010: 83.

程渐渐沦为大学生口中的"水课"①。他们知道职业生涯规划的重要性，但他们所认为的重要，更多的是从就业的角度去理解的，并不是从整个生命的有序展开、活得更有力量、更有希望的角度去理解。他们发现该课程并不能让他们找到好工作，甚至不能帮助他们找到工作。于是，在其他课业压力不断增加的情况下，他们在这门课里投入的时间越来越少，这些问题不得不让人们反思：高校职业生涯规划教育到底要教会学生什么？本章将从西方生涯规划运动的发展历程入手阐明生涯概念的哲学意义与现实意义，以期增强人们对生涯与生命之间关系的认识，帮助人们理解职业生涯规划教育对大学生成长的作用。

一、西方生涯规划运动的发展历程

生涯的概念是从职业辅导活动发展而来的。1908 年，美国存在着大量的因经济危机而产生的失业人员，为了推动经济社会的发展，政府需要将合适的人安排到各行各业的工作岗位上。这时候，美国学者弗兰克·帕森斯（Frank Parsons）组织成立了波士顿职业局，开展职业辅导。他所做的工作是帮助求职者了解自己，包括了解自己的能力倾向、性格、兴趣、价值观等，同时让求职者明确工作岗位必须具备的条件、要求和薪资待遇等，最后寻找自身品质与工作要求最为匹配的那份职业。②后来的两次世界大战及美国经济的大萧条使职业辅导陷入了停滞，资本主义创造的等级森严的职业体系与重复的工作内容无法让人体验到自由和幸福，而是让人在这个体系当中日复一日地陷入机器的操作和技术的控制中，一切都以提高产量和增加利润为目的，以致人自身的许多差异化的品质和需要被高度统一的分工和管理掩盖了，人类创造出的高度发展的

---

① 刘亮.被喊"水"的职业规划课为何临毕业才露出"闪光点"[EB/OL].（2023-07-24）[2023-11-24].https://news.cctv.com/2023/07/24/ARTIADdYluSkeAf5lvcM3ONB230724.shtml.

② 金树人.生涯咨询与辅导[M].北京：高等教育出版社，2007：10.

科学技术与劳动分工，使人们从事着越来越单调和千篇一律的工作，局限于职业所规定的各种角色，成为"工具人"。这就是劳动对人的异化。

可见，这一异化的本质是人自身的异化，是人在对象化的过程中把精神迷失在无尽的物质追求当中。而这种迷失的深层次原因则是人对生命本质的遗忘，也是对存在的遗忘。[①] 如果人们在日常的忙碌中不去追问忙碌的意义，忘记了追问存在的理由和价值，甚至分不清自己是为自己而活还是为别人而活的时候，死亡和虚无就已经笼罩着人们了。人们只有意识到自己的存在正是向着虚无发出的挑战和抗争，才会体验到一种紧迫感和使命感，这种使命就是让自己存在起来，重新找回自己，活出自己想要活成的样子，这就是"生涯"的概念所包含的哲学意义。

二、理解生涯概念的现实意义

对于当代大学生的成长来说，学习与理解生涯概念有什么意义呢？从生涯概念的哲学意义可以看出，生涯为人们展示了生命的本质，它体现在以下三个方面。

（一）生涯规划有能动性

生涯就是人向着虚无而决意要存在起来的自我，自我在展开与实现的过程中首先表现为一种选择，就是要选择是否存在。例如，虽然"我"有一份不错的职业，可"我"是否在这个职业中真的激发出了自己的最大努力，还是得过且过，每天都是"精神离职"。这个职业对于"我"来说是谋生的手段，还是意义的所在。又如，虽然"我"接受了高等教育，但是"我"的学习收获比高中阶段多了多少呢，如果不是为了通过考试和获得毕业证书，"我"还会坚持学习现在所学的专业吗？学习这个专业是否能让"我"体会到学习的乐趣，以及成长的快乐，"我"在

---

① 海德格尔.存在与时间 [M].陈嘉映，王庆节，译.北京：生活·读书·新知三联书店，2006：245.

大学阶段有没有想要完成的事情，是否想要成为某种人，是否想过上某种不一样的生活？在大学里，人们除了上课，是否还有一些事情需要积极关注，甚至努力发出理性的声音。所有这些问题都在试图唤醒人们本应建构美好生活的主动性。人们总会不断思考生活的方向并努力寻找答案和证明自己。事实上，人们每一天都会面临这个选择："我"是否决心要存在起来。这也是自我面临的一个最基本的，也是最开始的选择，就是"我"要不要去活出自己，要不要去努力改变自己，这就是生涯的能动性。

（二）生涯规划有开创性

解决了是否要存在的问题，接下来就面临着要怎样存在的问题。自我这时不再是一种单纯的决心，而是一种行动：让自己活成某种样子。因此，"我"要成为谁，取决于"我"开创了怎样的活动和"我"是怎么做的，也即"我"是怎么"存在"起来的，"我"就是"我"所创造的结果，如果"我"什么也不做，那么"我"最终将无法活出那个样子。所以，生涯规划与探索就是对自己开始进行这种具有开创性的行动和安排，努力给自己一种新的内容规定性，让自己以一定的姿态在消极的生活中突围出来，从而才有生涯的现实性。也就是说，生涯规划就是实现自我规定的内容，突破"被规定"的状态，以开创性的活动和态度，塑造属于自己的世界，并把自己所坚信的价值赋予这个活动的始终。所以说，生涯规划是一种充满挑战的活动，它需要努力探索、试错，需要坚韧的毅力和坚定的意志去面临打击和风险，这个过程中虽然有成功的喜悦和满足，但更多的是痛苦、失败和咬紧牙关。承受不住这种考验的人往往会随波逐流，选择安全的路，安于现状，故步自封。

（三）生涯规划有超越性

正因为生涯规划具有能动性和开创性，所以它能让人不断超越自我。一些经济学家认为，人的选择会受到两个因素的影响，一个是偏好，一个是约束，个体总是在不同的约束情况下追求效益最大化，人与动物的最大区别就在于，对于种种约束条件，人总是要想方设法去突破它，超越它，从而为自己的发展创造更好的条件。如果把大学生涯的过程分成多个阶段，如适应期、成长期、提高期、转换期，那么，适应期指的就是大学生对大学环境的适应，要建立在对高中学习的超越基础上；成长期就是大学生要实现全面发展，要建立在对适应期学习活动的超越基础上；提高期就是大学生在专业上的纵深发展，要建立在对专业学习浅尝辄止的超越基础上；转换期就是大学生走上职业化道路，要建立在对过往学生角色的超越基础上。可见，每个阶段都是对上一阶段的超越。无论是在学习上，还是在优秀习惯的养成上，唯有如此，生涯规划与探索才能帮助大学生达成生涯发展的任务。它既要求个体活在当下，重视每个阶段的探索内容，完成每个阶段设定的任务和目标，总结每个阶段的收获，又要求个体不能囿于某一个阶段而停滞不前，不能满足于现有的成果而不思进取。个体需要坚持超越的态度和批判的意识，这样才能为自己的生涯发展从一个阶段跨越到另一个阶段提供源源不断的动力，把自己的能量投入对每一次的约束条件的超越中。

从生涯概念的哲学意义与现实意义可以看出，生涯规划与探索就是个体的自我成长，是人追求自由和实现价值的生命旅程，生涯规划与探索就是要教会个体，无论是在为职业准备的学习阶段，还是在职业成长的过程当中，都要将个人的命运与社会的命运以及国家和整个民族的命运结合起来。生涯规划教育不是以职业为导向的，不是为了找一份工作而进行的规划，而是以人的全面发展为导向的，是为了成就自己而进行的探索。生涯规划不是为了职业的需要而把个体放在规定好的位置上，而是为了彰显人的不同与差异而开创的新生活。因此，人们需要重新反思生涯规划与探索的内容与目标，理解这些理念所包含的精神气质，找到自己的定位与方向，从而不至于在各种职业测评的技巧中迷失方向。

三、生涯理论对大学生职业发展的意义

生涯理论充分体现着生涯概念的哲学意义和现实意义，能够为人们提供理论视角，帮助人们理解当代大学生职业生涯规划的意义。

（一）促进大学生明确学习方向

大学生自主建构个人的职业生涯规划，不仅可以明确其在职业生涯中的具体发展目标，从而更有针对性地投入学习，还可以帮助其合理安排时间和日常生活，以及理性分析每个工作的优先级，然后抓住重点，锐意进取。此外，还可以帮助大学生在日常的学习及生活中合理管理自己的情绪，使其不断提高自己的专业能力和学习能力，拓宽自己的视野，从而增加大学生求职成功的可能性。经调研发现，高校中那些有生涯规划意识的大学生，在行为以及思维上比那些没有生涯规划意识的大学生更有方向感，更有动力，敢于挑战自我，并能够有计划地逐渐实现最初的目标。由此可见，大学生自主进行生涯建构，会使其明确学习方向，找到学习动力，达到更高的目标，最终提高对大学生活的成就感。

（二）提高大学生的生涯适应力

笔者通过观察及跟进历届大学生的生涯发展情况发现，拥有一个全面系统的职业生涯构建思路，可以让自己在未来的发展方向上更有远见，更有责任感。究其原因，生涯建构可以帮助大学生适应社会的变化和需求，培养他们的开拓精神和适应能力，提高他们的职业竞争力。当代社会处在快速变化和发展中，对大学生提出了更高的要求和挑战。通过生涯建构，大学生会更加关注社会的动态和劳动力市场发展的趋势，了解社会对大学生的期待和评价，调整自己的职业预期和行为，积极参与社会服务和活动，拓展自己的社会网络和影响力，从而提升自己在社会中的价值，专心致志发挥个人才能。因此，大学生自主开展生涯建构，能够激发潜能，提高生涯适应力。

第二节　高校毕业生"慢就业"现象分析

"慢就业"现象在西方发达国家比较常见，主要有两类情况："间隔年（Gap Year）"与"尼特（NEET）族"。"间隔年"是 17 世纪中期出现在英国的一种说法，意思是有些年轻人在完成了正式的学业之后，不去找工作，而是利用这段时间选择诸如旅游、支教、义工等能增长见识、开阔眼界的活动，以增加他们的生活经验与经历。① 所谓"尼特族"，就是没有接受教育，也不在工作状态，不想参加任何职业培训，终日靠父母养活的一种人群，这跟所谓的"啃老族"有异曲同工之妙。② 虽然"NEET"一词也来自英国，但它对日本的影响更大，所以在日本，人们对这一现象的关注和研究也更多。"尼特族"不同于从事兼职等非固定职业来维持生存的自由打工者，他们最大的特点就是不愿意就业。③ 虽然"间隔年"与"尼特族"都源于英国，但其在各国、各区域的文化交流与融合过程中也对不同国家、不同地区和不同年龄段的年轻人造成了不同程度的影响。

随着社会和经济的不断发展，人们的生活品质也在不断地提高，人们读书的目的已经不仅是提高自己的收入和社会地位，高校毕业生的就

---

① SHARMILADEVI J C, MEHER S, BAJAJ K. Gap Year: a break in the continuum of education[J]. Journal of Teacher Education and Research, 2017, 12（2）: 157-170.

② RABIE S, NAIDOO A V. The value of the gap year in the facilitation of career adaptability[J].South African Journal of Higher Education, 2016, 30（3）: 138-155.

③ BYNNER J, PARSONS S. Social exclusion and the transition from school to work: the case of young people not in education, employment, or training（NEET）[J]. Journal of Vocational Behavior, 2002, 60（2）: 289-309.

业理念也悄然发生着变化。"慢就业"大学生的人数越来越多，本科毕业后直接就业人数越来越少。郑东、潘聪聪认为，"慢就业"现象是指越来越多大学生放弃了毕业之后马上就工作的就业方式，选择延长应聘时间，在很长的一段时间内没有正式或稳定的工作。[①]作为我国劳动人口的主体之一，大学生的素质与数量对我国劳动市场的供给状况有着重要的影响。高校毕业生"慢就业"现象产生的原因很多，既有"慢就业"现象的社会因素，也有大学生自身的因素。当前，由于我国劳动力市场的结构性矛盾，部分产业或区域拥有更多的资源与机会，而一些产业或区域却只有少数资源与机会，从而导致了劳动力资源分配的不合理，使高校毕业生就业出现新的困难。因此，下面将对"慢就业"的现象进行探讨，对其成因进行剖析，并在此基础上提出相关的对策建议，以期为进一步完善我国的就业市场、实现劳动力资源的最优化配置提供有益的借鉴。对"慢就业"现象的研究，不仅可以帮助人们更好地认识新时代高校毕业生的择业观与就业观，而且能帮助人们了解大学生在由学校向社会转型过程中所出现的矛盾、冲突、困惑和迷失等问题。本书不但归纳出了大学生"慢就业"的原因，而且对这些原因进行了因子分析，明确了这些原因的作用大小，并针对存在的问题，提出了相应的对策，以期为推动高校毕业生高质量发展提供实证经验。

一、计划行为理论与劳动力市场分割理论

高校毕业生"慢就业"是一种就业选择行为，人们可以从计划行为理论和劳动力市场分割理论中找到产生这种现象的原因。

（一）计划行为理论

美国心理学家阿耶兹（Ajzen）在1985年提出了计划行为理论，该理论以多属性态度理论与理性行为理论为基础，指出人类的行动并非完

---

① 郑东，潘聪聪.大学生提速"慢就业"的服务策略[J].江苏高教，2019（2）：81-84.

全由自己决定，而是受多种因素影响，计划行为的产生取决于行为意向。行为意向是指一个人为了完成一项具体的行动而产生的动因，它受到社会因素和个体因素两个方面的影响。社会因素指的是对于个人来说他人对他做了某件事情或者没有做某件事情所施加的压力，即必须要求其做某事或不做某事。个体因素主要有两类：一类是人们对完成某件事情所持的态度，另一类是自我控制感，就是人们对完成某件事情的自信程度。根据计划行为理论，一个人的态度越认真，外在压力感越强，行动力越足，那么他的行为意向就越高，进而最终有更大的可能去做某件事情。[①]因此，计划行为理论不仅对"慢就业"现象的解释、预测具有重要的指导意义，而且可以对高校毕业生的择业观与就业观进行积极的干预。所以，从心理学角度来讲，以计划行为理论为基础，对高校毕业生"慢就业"现象进行研究具有十分重要的现实意义。

（二）劳动力市场分割理论

1971 年，美国经济学家多林格（Doernger）和皮奥里（Piore）提出了劳动力市场二元分割的理论，将劳动力市场划分为"一主一次"的两个市场，主要劳动力市场大多有更好的待遇，更稳定的工作，更高的报酬，更好的环境，更多的晋升机会等，而次级市场则相反。当前，高校毕业生在就业过程中存在着向公务员和事业单位等公共部门的岗位聚集的趋势，也就是集中在主要劳动力市场，不想进入次要劳动力市场，二元劳动力市场的明显区别也是导致高校毕业生"慢就业"的一个主要因素。

二、关于"慢就业"的文献研究

相关的文献研究主要从社会经济环境、高等教育、家庭因素与个人

---

① 刘泽文，甄月桥.计划行为理论预测大学求职行为的验证性研究[J].社会心理科学，2010，25（6）：18-22，96.

特质四个方面对"慢就业"进行了原因分析。

从社会经济环境来看,张轶辉等提出"慢就业"是时代发展的结果,互联网新业态的出现吸引了高校毕业生群体的积极参与,社会经济的快速发展也为"慢就业"群体提供了新的不同的职业选择。[①]蔡煜、付丽荣从社会心理学角度出发,分析了当代社会多元价值观对大学生就业的影响,指出大学生在求职过程中过于关注自我价值实现,因此导致了"慢就业"现象的蔓延。[②]钱娜指出,随着科学技术的不断发展和进步,以"直播带货"为代表的新兴行业受到了越来越多大学生的喜爱和关注,他们更想选择新潮的、有趣的职业,去发挥自己的创造力和想象力,而不是进入一个传统的、稳定的职业,但那些新兴的职业同时伴随着极大的不稳定性,于是,大学生选择了"慢就业"。[③]杨红娟等认为在目前国内经济下行压力与我国的就业市场处于供需不平衡的状态的影响下,高校毕业生的就业压力逐渐增大,随之而来的就是高校毕业生"慢就业"的学生越来越多,大部分高校毕业生为了追求更高质量的就业而不得不选择"慢就业"。[④]

从高校层面来看,有部分学者认为"慢就业"现象产生的原因包括学科设置与就业市场需求不匹配、高校就业指导服务不完善等。修新路、徐馨指出,随着经济和社会的不断发展,企业雇主对学生的专业能力和综合素质有了更高的要求,但是,大部分学生在学校里没有一个清晰的就业方向,再加上他们的自主性较差,他们所学的知识和技能已经不能

① 张轶辉,毕亚玲,杜小明,等."慢就业"成因探析及其应对策略[J].河北农业大学学报(农林教育版),2018,20(4):103–108.

② 蔡煜,付丽荣.民办高校毕业生"慢就业"现象分析及对策研究:以云南大学滇池学院为例[J].就业与保障,2022(11):121–123.

③ 钱娜.大学生"慢就业"的原因及改进策略研究[J].现代农村科技,2022(11):103–104.

④ 杨红娟,李文英,卢江涛,等.新时代高校大学生"慢就业"现象原因及对策分析[J].就业与保障,2023(4):154–156.

适应当下企业发展的需要了，所以，当其开始找工作的时候，会对找什么样的工作充满困惑，进而选择"慢就业"。[①] 秦星、赵洪远认为高校就业服务不充分与高校毕业生"慢就业"现象有着紧密的联系，大部分高校就业指导缺乏针对性且内容过于陈旧，没有跟上时代，导致了就业指导没有达到应有的效果。[②] 王春红指出学校是大学生提升自身专业素养的载体，学校的人才培养模式和学校氛围对大学生的能力提升有直接影响，但许多学校的专业教学与人才培养标准不能匹配市场需求，在社会性人才培养方面缺乏针对性；学校职业生涯规划和就业创业教育不足，无法对大学生进行更精准的指导，导致大学生对职业认知模糊不清，丧失就业信心，于是选择"慢"来逃避就业。[③]

从家庭环境来看，当前高校毕业生选择"慢就业"在很大程度上得到了家庭的支持，随着我国大学生的经济状况越来越好，雄厚的物质基础成为大学生"慢就业"的有利条件。王伟、薛政指出由于经济的迅速发展，加上家庭的富裕，学生在毕业之后并不需要马上就开始工作，因此，他们有更多的时间和空间，也有更多的经济成本去寻找更合适的工作。[④] 李洁、闫平、秦蓓认为当前毕业生受到成长环境的影响，出现择业价值观偏离、对求职主动性不高、对家长依赖性较强等问题。[⑤]

从个人层面来看，产生"慢就业"现象的原因主要是大学生的价值观、就业心态和对自己的预期发生了变化。当前大学生的独立性和自主性都很强，他们对未来的生活有自己的想法，他们会寻找各种机会来实

① 修新路，徐馨.大学生"慢就业"研究述评 [J].中国大学生就业，2022（8）：3-10.
② 秦星，赵洪远.大学生"慢就业"解读 [J].合作经济与科技，2022（24）：84-85.
③ 王春红.基于高校毕业生"慢就业"现象的就业指导工作研究 [J].就业与保障，2022（9）：187-189.
④ 王伟，薛政.高校毕业生"慢就业"现象探析及对策研究 [J].无锡职业技术学院学报，2021，20（6）：80-84.
⑤ 李洁，闫平，秦蓓.多元化就业时代背景下高校"慢就业"问题的探讨 [J].中国大学生就业，2023（11）：52-57.

现自己的目标,所以在没有找到一个最匹配自己的职业之前,他们会选择保持一个自由的状态,尽可能地去尝试各种可能的职业,甚至是送快递、外卖等职业门槛比较低但相对自由的工作。夏春秋从心理防御机制角度分析大学生"慢就业"心理,认为毕业生在面对激烈的就业竞争、巨大的就业压力时,会通过选择"慢就业"方式缓解焦虑情绪,实现内心平静。[1]

三、关于"慢就业"原因的问卷调查研究

本书通过文献研究发现,毕业生"慢就业"是多种因素共同作用的结果,因此本书对以往关于高校毕业生"慢就业"问题的原因进行了梳理,将其归纳为 4 个层面、25 项具体因素。为了更加准确地反映"慢就业"不同因素的影响程度,本问卷根据实际情况,采用了谢铅玉等人编制的量表。对于高校毕业生"慢就业"现象的影响因素,本书提出了以下四个假设。假设 1:社会层面的因素对"慢就业"现象有显著影响;假设 2:高校层面的因素对"慢就业"现象有显著影响;假设 3:家庭层面的因素对"慢就业"现象有显著影响;假设 4:个人层面的因素对"慢就业"现象有显著影响。

本次问卷调查共发放 368 份问卷,剔除了 11 份残缺问卷,获得了 357 份有效问卷,有效率为 97.01%。本书对回收的问卷结果进行相关处理后,克龙巴赫(Cronbach)系数值为 0.925,说明该问卷的信度较佳;结构效度方面,检验统计量(kaiser-meyer-olkin, KMO)值为 0.885 > 0.7,巴特利特(Bartlett)检验的显著性检验概率为 0.000 < 0.05。本书主要采用调查问卷的方式,辅以个体访谈。本次调查主要是通过对部分"慢就业"毕业生进行半结构式访谈,同时对访谈结果进行分析,进而对

---

① 夏春秋.高校毕业生"慢就业"现象透视及其引导策略 [J].浙江师范专科学校学报,2022,40(5):62-67.

影响他们"慢就业"的因素进行补充。本次访谈的对象为 30 位"慢就业"的毕业生，其中男性 16 人，女性 14 人，年龄主要为 21～28 岁，涵盖了理工、经济管理等多个专业，学历层次为本科到硕士研究生。

（一）"慢就业"大学生的群体特征

调查显示，"慢就业"毕业生在等待就业机会时有多种选择，"慢就业"毕业生群体中，考研"二战""三战"考生，考公务员、考事业单位考生所占比例超过 2/3，其中以重复性应考为主的群体是主要组成部分。有一半以上的毕业生选择了在待业期间准备考取各种资格证书。另外，有 19.89％的大学生选择了以创业或支教的方式来了解社会，近 14％的大学生选择去旅行，体验不同的生活，还有极少的人选择留在家里陪父母。此外，值得注意的是，有 28.29％的人表示"没计划"，这意味着近 1/3 的高校毕业生在毕业之后虚度了时光，荒废了自己的青春。

本书还就社会群体对大学生"慢就业"的看法做了调查与分析。在回应"您对'慢就业'现象的态度"时，52.38％的被调查者持中立意见；33.89％的被调查者表示赞成"慢就业"，因为他们觉得这样能给大学生更多时间思考人生，也能给他们更多时间进行谨慎的抉择；仅有 13.73％的被调查者不赞成"慢就业"，因为他们觉得毕业后就失业，既浪费了国家的教育资源，也浪费了自己的宝贵时间。

对于高校毕业生来说，24.65％的高校毕业生说他们无法接受"慢就业"，但他们也会尊重那些做出这种选择的人；44.82％的高校毕业生说他们不会积极地去"慢就业"，但如果是由于客观原因导致的，他们也能接受"慢就业"；大约有 30％的人说他们现在已处于"慢就业"状态，或是将来会选择"慢就业"；还有一小部分人仍对"慢就业"持强烈的反对态度。

调查结果还显示，49.3％的被调查者认为，"在毕业之前找到一份稳定的工作"是高校毕业生求职的最佳时机；36.97％的被调查者认为在毕业后的 1～6 个月内，也就是应该在毕业当年确定工作；只有极少部分被调查者认为这个时机可以再晚一些。对于"你能接受毕业生离校后待业的最长时间是多久"的问题，88.37％的被调查者表示应在毕业后一年内找到工作，19.63％的被调查者表示最多可以待业半年。

（二）"慢就业"的影响因素分析

1.社会层面的影响因素

我国高校毕业生就业市场供求失衡、就业竞争加剧这一因素对高校毕业生"慢就业"行为的影响程度均值为 3.92。激烈的就业竞争是高校毕业生产生"慢就业"行为的直接原因，"招工难"和"无业可就"的共存使有些高校毕业生因为找不到工作不得不放缓找工作的步伐，还有的高校毕业生为了规避高度的竞争压力而不得不暂时放弃工作。在高等教育从普及化走向大众化的过程中，大学生所拥有的优越性和绝对优势也在逐渐消失，因此，许多毕业生为了获取更高的学历而选择考研，并且由于屡战屡败，不断反复应考。社会对非传统的就业观念持更加开放的态度也促进了"慢就业"的发展，影响程度均值为 3.36，如果说以前人们对"毕业后不求职"这个观念还有些抵触的话，那么如今，随着社会的包容性越来越强，人们也越来越重视个人的自由，以及开始对某些非传统就业方式予以支持，人们对所谓的"慢就业"已经没有那么排斥了。

2.高校层面的影响因素

高校层面的影响因素的影响程度均值整体低于社会层面的分数。其中，"人才培养与社会需求不匹配"的影响系数最大，均值为 3.47，大学校园招聘会是大多数毕业生获得工作机会的途径，同时来到校园招聘会的企业是反映一所大学办学质量的一个重要指标，在高校招聘中，如果企业的工作岗位数量不能满足毕业生的工作要求，将会影响毕业生的求职热情与积极性；学校就业指导缺乏针对性，对毕业生就业的影响程度均值为 3.32。

3. 家庭层面的影响因素

"家庭经济基础为'慢就业'提供物质保障"对"慢就业"的影响程度均值为3.45。处于"慢就业"阶段的毕业生大多无收入来源，其生活开销都要靠家长负担，因此，一个家庭的经济状况从物质上决定着大学生能否选择"慢就业"。中国传统的"养儿防老"观念，要求年轻人有能力承担起家庭经济责任，这对他们将来的就业产生了重要影响。在这种观念的影响下，很多人更加重视公务员和其他事业单位的稳定和社会地位。在社会层面上，人们探讨了"慢就业"的容忍度使更多大学生愿意放慢脚步，而家长对"慢就业"的容忍度则更直接地影响着大学生的择业行为。

4. 个人层面的影响因素

个人层面的因素对大学生选择"慢就业"的影响更为明显。其中，"个人职业规划不清晰，职业目标定位不合理"这一因素的影响程度均值为4.23，部分毕业生之所以没有找到工作，是因为他们没有明确的职业规划，没有将学校里的资源和时间用来提升自己，临近毕业时，他们对自己的优势和劣势没有一个清晰的了解，更没有一个合理的、明确的求职目标，所以他们很难找到一份合适的工作。"就业能力不足，未做好就业准备"这一因素的影响程度均值为3.79，这也是一些"慢就业"的学生所面临的真实问题，他们缺乏职场核心竞争力，无法在竞争激烈的就业环境中找到自己的位置，在失败了几次后，便选择了放弃，既浪费了自己的时间，又错失了良机。"职业期望高，不愿将就"的影响程度均值是4.76，这说明大部分毕业生对自己的第一份工作抱有较高的期待，主观地认为"高起点"能够为自己未来的职业生涯打下良好的基础，过高的预期成为一些大学生逃避就业的理由。

第三节 "灵活就业"对劳动者收入的影响

近年来，除了"慢就业"以外，"灵活就业"也成了大学生就业的一个值得关注的方向，"灵活就业"在学界也称为"非正规就业"，这一概念由国际劳工组织（International Labor Organization, ILO）首次提出，且随着互联网的快速发展，非正规就业的规模开始扩大，逐步成为大学生一种重要的就业渠道。在解释非正规就业与正规就业在收入上存在差异时，学界常用的是经典劳动经济学理论，包括劳动力市场分割理论以及劳动力市场竞争理论。[①]

基于劳动力市场分割理论的观点认为非正规就业的收入水平要低于正规就业的收入水平。正规就业劳动市场由于存在最低工资等一系列制度化约束，会使正规就业的工资水平高于市场出清水平，高于没有制度保护的非正规就业劳动市场的工资水平。薛进军、高文书基于中国居民健康与营养调查（China Health and Nutrition Survey, CHNS）数据发现，非正规就业与正规就业的收入差异在逐渐扩大，且非正规就业收入水平较低。[②]Lehmann和Pignatti还发现，随着正规就业专用人力资本的积累，正规就业劳动市场就会设置"隐形的进入壁垒"，这就导致非正规就业者很难再进入正规就业劳动市场，使两个分割的劳动力市场的个人收入差距进一步增大。[③]张晓昕采用内生转换回归（endogenous switching

① 张毓龙,刘超捷.灵活就业群体和谐劳动关系治理新探[J].现代经济探讨,2020(10):7-12.

② 薛进军,高文书.中国城镇非正规就业:规模、特征和收入差距[J].经济社会体制比较,2012(6):59-69.

③LEHMANN H, PIGNATTI N. Informal employment relationships and the labor market: is there segmentation in Ukraine ? [J]. Journal of Comparative Economics, 2018, 46 (3): 838-857.

regression, ESR）模型探析了教育对非正规就业与正规就业劳动者收入产生差距的影响，进一步说明了人力资本对非正规就业和正规就业个人收入水平的作用。同时由于非正规就业劳动市场没有完善的保障机制，也进一步导致了非正规就业者在教育收益率和收入水平两方面都明显低于正规就业者。[①]

基于劳动力市场竞争理论，大部分学者普遍认为，由于异质的劳动力不满足劳动力市场分割理论，因此非正规就业的劳动者的收入水平要高于正规就业劳动者的收入水平。[②]Maloney 利用拉丁美洲经济社会的相关数据研究发现，不受监管的微型企业部门等非正规部门在劳动市场上并非弱势，是否非正规就业是劳动者根据自身人力资本以及自身意愿做出的选择，而非正规就业对劳动者的个人收入水平不具有显著负向作用。[③]此外，非正规就业能够调整产业结构，因此对城镇化水平、家庭收入都有促进作用。Bargain 和 Kwenda 通过构建两部门的动态均衡模型发现，如果允许正规部门和非正规部门相互分配劳动力，在降低失业风险的同时，还能够提高家庭收入。[④]Arabsheibani 和 Staneva 基于塔吉克斯坦的数据研究发现，由于市场歧视因素的存在，非正规就业的劳动者的收入水平要高于正规就业劳动者的收入水平。[⑤]张延吉、秦波通过使用中国社会状况综合调查（Chinese Social Survey, CSS）的数据，在控制内生

① 张晓昕.教育、非正规就业与劳动者工资收入：基于 CFPS 数据的实证分析 [J].云南财经大学学报，2021，37（9）：31-45

② 李根丽，尤亮.非正规就业具有工资惩罚效应吗：来自城镇私营企业劳动者的证据[J].现代经济探讨，2021（8）：15-24.

③MALONEY W F. Informality revisited[J]. World Development, 2004, 32（7）：1159-1178.

④ BARGAIN O, KWENDA P. Earning structures, informal employment and self-employment: new evidence from Brazil, Mexico and South Africa[J]. Review of Income and Wealth, 2011, 57（S1）：100-122.

⑤ ARABSHEIBANI G R, STANEVA A. Is there an informal employment wage premium? evidence from Tajikistan[J].IZA Journal of Labor & Development, 2014（1）：1-24.

性的基础上，研究得出非正规就业的收入水平并未显著低于正规就业的收入水平。①

由此可见，正规就业与非正规就业对个体收入的影响是一个悬而未决的问题，下面将通过中国家庭追踪调查（Chinese Family Panel Studies, CFPS）2020 年的成年人数据库数据来检验非正规就业对劳动者收入的影响，以期为大学生"灵活就业"的研究提供实证经验。

一、CFPS 数据使用情况介绍

中国家庭追踪调查是北京大学中国社会科学调查中心实施的、一个旨在通过跟踪搜集个体、家庭、社区三个层次的数据，反映中国社会、经济、人口、教育和健康的变迁，为学术研究和政策决策提供数据的重大社会科学项目。该项目采用计算机辅助调查技术开展访问，访问调查对象覆盖了我国 25 个省（自治区、直辖市），是具有较高权威性的大型社会调查数据库。

在学术界，一般把是否签订劳动合同视为正规就业与否的一个重要指标。②据此，本书将未签订劳动合同的劳动者视为"灵活就业"者，将签订劳动合同的劳动者视为正规就业者，同时剔除存在逻辑错误、关键信息如收入、年龄、婚姻状况缺失的异常样本，最后获得 2020 年有效样本 8 893 份。其中，"灵活就业"者 4 905 个，正规就业者 3 988 个，"灵活就业"者占比 55.16%。除此之外，本书还对"灵活就业"的劳动者，如网约车司机、外卖员等进行访谈，调查了其"灵活就业"的工作情况，包括兼职、工作时长、工作收入以及工作满意度的具体信息。

本书研究的内容是"灵活就业"对个人收入水平的影响，人们对因

---

① 张延吉，秦波.城镇正规就业与非正规就业的收入差异研究[J].人口学刊，2015，37（4）：92-103.

② 李根丽，尤亮.教育错配、非正规就业与工资惩罚效应[J].财政研究，2020（12）：103-118，123.

变量进行了对数处理，根据数据中劳动者的工作年收入除以 12 得到。本书选择的核心处理变量是"就业类型"，属于二分变量。根据本书研究需要，以 2020 年"灵活就业"的劳动者为处理组，2020 年正规就业的劳动者为控制组，处理组个体取值为 1，控制组个体取值为 0。根据以往的研究，个人特征会对收入水平以及工作类型的选择产生影响，本书根据经典的明瑟收入方程，对控制变量进行了选择，包括性别、年龄、学历水平以及婚姻状况。其中年龄、受教育程度为连续变量，其余为虚拟变量。变量的具体定义如表 1-1 所示。

表 1-1　变量名称及定义

变量名称	变量定义
收入	全年劳动收入（元）/12，取对数
"灵活就业"	"灵活就业"=1，正规就业 =0
性别	男 =0，女 =1
年龄	2020 减去出生年
年龄的平方	年龄取平方
受教育程度	文盲 / 半文盲 =1，小学 =2，初中 =3，高中 =4，大专 =5，本科 =6，硕士研究生 =7，博士研究生 =8
婚姻	已婚 =1，其他 =0

二、"灵活就业"对个人收入水平的影响

为了研究在控制不同因素下，"灵活就业"对个人收入水平的影响，本书运用多元线性回归的分析方法，逐步添加控制变量，将工资对数作为因变量，将"灵活就业"作为核心自变量，并加入各类控制变量，以观察"灵活就业"对个人收入水平的影响，逐步回归结果，表 1-2。

根据 CFPS 2020 年数据进行普通最小二乘法（ordinary least square method, OLS）分析得出，在没有控制变量的情况下，"灵活就业"对收入的回归系数显著为正，并且通过了 5% 水平上的显著性检验，说明不

同的就业类型对个人收入水平的影响显著，"灵活就业"人员的收入水平要显著高于正规就业人员的收入水平。加入控制变量后，这一结果依然是稳健的。"灵活就业"对于个人收入水平的影响是显著的，在控制了性别、年龄及年龄平方项、受教育程度与婚姻变量后，"灵活就业"对个人收入的影响相比正规就业来说高 21%。

表 1-2　CFPS 2020 数据中非正规就业对个人收入水平的影响

变　量	模型1	模型2	模型3	模型4	模型5	模型6
"灵活就业"	0.386*	0.320*	0.316*	0.304*	0.214*	0.209*
	（0.12）	（0.16）	（0.15）	（0.14）	（0.10）	（0.10）
性别		控制	控制	控制	控制	控制
年龄			控制	控制	控制	控制
年龄的平方				控制	控制	控制
受教育程度					控制	控制
婚姻						控制
N	8 893	8 893	8 893	8 893	8 893	8 893
R^2	0.10	0.14	0.15	0.20	0.26	0.26

　　注：①"*"表示 $p < 0.05$。②括号内的数字表示稳健标准误。③ N 为样本数量。④ R^2 为拟合度。⑤模型 1 没有加入任何控制变量，模型 2 加入了性别变量，模型 3 加入了年龄变量，模型 4 加入了年龄的平方变量，模型 5 加入了受教育程度变量，模型 6 加入了婚姻变量。

三、"灵活就业"提升收入水平的原因分析

（一）教育不足带来的工资溢价效应

改革开放以来，高等教育的普及一方面提高了国民平均受教育程度，另一方面加剧了劳动力市场教育错配的风险，即劳动者的教育水平与职业要求的教育水平不相符从而导致的劳动力资源配置效率较低的一种状态。研究发现，教育不足会提高个体劳动生产力的潜力上限，从而提升教育平均收益率，最终使"灵活就业"具有工资溢价效应。李根丽、尤亮在前人基础上，研究得出教育错配中的教育不足会使非正规就业的劳动者的小时工资水平较正规就业者提高 42.05％。[①] 葛莹玉、李春平、葛扬通过构建 ESR 模型研究产业工人的教育错配带来的工资效应，发现教育不足会增加劳动者选择非正规就业的倾向，同时具有工资溢价效应，且受教育年份不足每增加一年，选择非正规就业的产业工人将会获得0.125 的工资溢价。[②] 具体而言，首先，由于正规就业劳动市场进入门槛以及隐形人力资本积累的存在，受教育水平较低的劳动者很难进入正规部门工作。同时，即使其得到一份正规部门的工作，工资水平也会由于正规部门将学历与起薪挂钩等相关规定而处于较低水平，这些都会导致教育不足的劳动者倾向于选择从事"灵活就业"。其次，教育不足的劳动者选择"灵活就业"可能会使岗位适配度更高，从而能够积极投入工作，发挥主动性，提高生产效率，进而提高"灵活就业"者的个人收入水平。

① 李根丽，尤亮.教育错配、非正规就业与工资惩罚效应[J].财政研究，2020（12）：103-118，123

② 葛莹玉，李春平，葛扬.非正规就业、教育错配与产业工人的工资效应[J].财经科学，2022（3）：123-134.

（二）"灵活就业"的收入来源更多

近年来，由于互联网平台的快速发展，以各大互联网应用为平台的"灵活就业"规模逐渐变大，如外卖、网约车司机以及"跑腿"等工作，而这些工作与传统工作的不同就是工作时间相对比较灵活。本书还对部分"灵活就业"人员进行了一个简单的访问调查，访问的内容主要包括受访者的工作内容、工作时间以及工作收入等方面。针对灵活的工作时间这一关键点，访问结果大致分为两个方面：对于一部分选择"灵活就业"的劳动者来说，可以自我控制的工作时间意味着其可以从中获得一定的非货币性收益，如平衡工作家庭、发展个人爱好等，他们对这些非货币收益赋予了更高的价值；而对于另一部分"灵活就业"的劳动者来说，自由支配的工作时间意味着他们可以在一段时间内同时从事几份内容不同的工作，非正规就业岗位大多没有固定的办公地点以及工作时间等使这一选择成为可能，而多份工作则会直接使非正规就业者的收入增加。因此，非正规就业灵活的工作时间会使非正规就业者的收入增加。

第四节　生涯理论视角下促进大学生就业的对策

一、高校毕业生"慢就业"现象的对策

基于以上调研和分析可以发现，新形势下"慢就业"现象的发生虽然是学生个体的实际就业表现，但因受多元因素影响，需要将其置于现实社会环境中分析解决。因此，想要缓解"慢就业"现象，也需要对以上几个因素进行考虑并制定相应的对策。

（一）社会层面

"慢就业"现象是社会经济发展的产物，具有一定的时代性和客观

性，因此要强化协同联动，注重综合治理。从宏观角度看，经济发展规模、市场活跃程度、人才教育培养体制、就业促进机制等因素都会影响"慢就业"，这就需要在就业促进社会层面进行有效引导，推动"慢就业"群体及早就业，同时增加高校毕业生的就业机会，开拓多途径招聘渠道，强化就业市场监管，保障毕业生就业权益，积极促进高校毕业生就业。从微观角度看，企业与毕业生双向信息的不对称、工作内容的快速变化需要毕业生花费更多的时间去了解和体验等因素会影响大学生就业的进程。

（二）高校层面

高校可以从以下几个方面进行改进：首先，高校要与时俱进，优化高校人才培养体系，努力将学科知识与企业需求相结合，重视新业态的产生，积极建立"产学研"实习基地，促进大学生德、智、体、美、劳全面发展，确保就业指导更加有效；其次，构建灵活实用的课程体系，增强教学内容的应用性、科学性和前沿性，提升高校毕业生职业适应能力和自主学习能力；最后，当前的高校大学生思想活跃、创新意识较强、家庭环境优渥，是创新创业的主力军，因此，高校要进一步加强创新创业教育，把部分具有创业想法而又不愿加入传统求职行列的"慢就业"大学生有效转化为创业者。

（三）家庭层面

家庭教育是毕业生职业观、就业观培养的原点，而家庭环境对大学生的就业选择有着重要的影响。因此，要充分发挥沟通的积极作用，父母不能将自己的就业意愿和职业规划强加到子女的身上，面对子女的就业问题，要主动沟通，了解子女的真实想法；不能只是简单地提供物质保障，一味地支持大学生"慢就业"，对于考研与否，也要根据学生的真实情况而定；要主动与高校教师联系，了解当下高校的就业形势和就业情况，转变"铁饭碗"的传统就业观念，引导学生树立正确的就业观和择业观；要鼓励学生以积极乐观的心态面对就业，要使学生自信、从容地应对就业压力，这样才能够确保当代大学生找到心仪的工作。

（四）个人层面

大学期间积累的个人综合能力素质在择业就业过程中起到了关键作用，而个人能力的提升，既需要学校这一重要教育平台，也取决于个人的自我努力与自我发展。学生时代的主要任务是学习，不断增加自身的竞争优势，最大限度地降低因"技不如人"而被迫转入"慢就业"行列。

二、促进大学生"灵活就业"的对策

（一）从政府的角度分析

第一，政府应该避免"一刀切"的制度政策。本书研究表明，非正规就业的个人收入水平要高于正规就业者的收入水平，采用强制制度政策使社会就业正规化反而会降低劳动者的收入。因此，政府应该鼓励劳动者根据自身情况，如受教育水平、工作需求等自主选择合适的工作。

第二，建立完善的社会保障制度，加强社会保障的力度，尤其是加强对非正规就业人员的保护。虽然根据 OLS 回归分析得出非正规就业个人收入水平高于正规就业个人收入水平，但政府也要明确非正规就业群体缺少社会保障这一社会现实，所以各级政府应该对这些社会弱势就业群体更加重视并为其提供支持。我国社会保障的目标是建立广覆盖、多层次、可持续的社会保险模式。将非正规就业的劳动者纳入社会保障体系中是完善我国社会保障制度应该付诸实际的行动。非正规就业者的养老保险和医疗保险参保率均低于正规就业者，并且他们的社会保障措施的执行情况并不乐观，如果非正规就业者享受不到社会保障的福利，在面临生活或者工作而产生的各种潜在风险时，他们就容易陷入贫困从而使生活质量大大降低，因此，保障非正规就业者基本的社会福利，增强他们抵御风险的能力也是政府稳就业的一个工作重点。

第三，加强劳动市场的监管，建立健全的市场监管体系，保障劳动者的公平就业，达到促就业、稳就业的目的。在OLS回归分析中，在加入性别变量后，非正规就业和正规就业的收入水平的差异会增大，由此可以看出就业市场存在一定的性别歧视。就业歧视是影响就业市场公平、破坏市场的重要因素，因此政府要采取相应的措施加以解决。

第四，政府可以协助企业组织教育培训，以提升非正规就业者的人力资本。从所有的实证结果可以发现，受教育程度这一变量对劳动者的工资报酬和工资差异均具有显著的影响，因此想要改善非正规就业群体的工资收入，就要重视教育问题，提升人力资本，从根本上帮助他们摆脱失业、难就业的困境，并且引导他们形成积极的自我提升意识以及积极的就业态度。

（二）从企业的角度分析

企业在经济社会中也发挥着重要的作用，因此其在享受着社会经济发展带来的红利的同时，应该承担起社会责任，采取一定的措施，以缩小不同就业类型工作的工资差异，提高就业机会的同时稳定就业。

第一，提高对人力资本的重视程度，对员工进行培训教育。在经济全球化以及新一轮的"人才大战"背景下，中国企业也应该重视人才，重视人力资本的积累，提高员工素质。例如，多投入研发资金，多鼓励员工深入学习或继续入学深造，秉持"人才战略"发展企业。在OLS回归分析中，劳动者的学历水平有利于缩小非正规就业与正规就业个人收入水平的差距，能够达到稳就业的目的。

第二，树立全新的、与时俱进的用人理念。思想指导实践，基于我国社会现状，我国对非正规就业的社会认可度不够高，各企业应坚持与时俱进的用人理念，消除性别、地域、户籍歧视，创造公平开放的就业环境。

第三，树立社会责任，完善员工福利和基本的社会保障。在对社会现状和相关数据的分析中发现，非正规就业劳动者未能得到有效的社会保障，不仅参保比例低，而且缴纳数额少。因此，企业需要在这一过程中承担起这一责任，完善社会公平和社会保障。

（三）从劳动者的角度分析

要想提高个人收入水平，劳动者自己也要有提高自身素质的想法，也要有所作为，把握社会发展的趋势，但不能故步自封，而是要努力提升自身能力，以适应社会变化。

第一，重视教育的作用，努力增加自身的人力资本存量。对此，劳动者在进入劳动力市场前，应通过教育提升自己的文化水平并且积累扎实的专业知识；在进入劳动力市场后，应继续保持学习的心态，不断提升自身的工作技能和解决问题的技巧，提高自身的竞争力。

第二，对于收入较高的劳动者，其自身的选择效应比较显著，出于其他因素的考虑，这些劳动者会自愿选择非正规就业，因此他们需要权衡如何才能更好地选择正规就业与非正规就业的工作，以达到经济效用的最大化。而对于收入处于中低端的劳动者，他们也需要提升自身劳动素质，主动参加各种培训，从而使自己在选择工作时能够从事自己较为满意的工作。

三、促进大学生职业探索的对策

（一）通过人才培养模式的不断改革创新增强学生的就业竞争力

以学生能力培养为核心，坚持市场导向，从专业方向设置、课程改革、实践教学体系等方面进行一体化的设计与改革，走出了一条独具特色的人才培养之路。例如，重庆理工大学管理学院把"我们要培养什么样的学生"变成"我们该培养什么样的学生"，坚持市场导向的观念，不间断地、充分地了解用人单位的人才需求及其变化，结合学生发展需要，按需设置专业方向。在专业核心课程的教学上，坚持"内容项目化、过程实战化、作业产品化"的基本要求，真正把"教师要讲什么"变成"学生能干什么"。以旅游管理系为例，为强化学生实践能力，学院在学生中增设了活动策划课程，四年后，在70多名接受了活动策划课程培养的应届毕业生中，有20人成功签约应届生难以进入的策划部门。管理学院还实施了"基于管理者视角的任务导向型实习模式"，取得了学生、实习单位、指导教师等多赢的效果。在实习期间，学生除了要完成实习单位安排的任务外，实习指导教师还要结合课程讲授、科研课题研究、实习单位管理提升等需要，向学生布置相应题目，让学生站在管理者或研究者的角度去观察、思考、分析实习单位的工作开展情况。这既丰富了实习内容、提高了实习工作的挑战性，还锻炼和提高了学生的专业能力。

（二）通过职业生涯规划课程引导学生探索职业世界

职业生涯规划课程的教学目标是让学生在对自己职业生涯的主客观条件进行测定、分析、总结的基础上，对自己的兴趣、能力、特点进行综合分析与权衡，结合时代特点，根据自己的职业倾向，确定职业奋斗目标，并为实现这一目标做出行之有效的安排。学生通过课程学习，能更清楚地了解自我、了解职业、学习决策方法，形成初步的职业发展规划，确定人生不同阶段的职业目标及对应的生活模式。例如，重庆理工大学2009年就开始在校内开设大学生职业生涯规划的选修课程，是西部乃至全国较早进行大学生职业生涯规划教育实践的高校之一，该课程的开设得到在校学生的积极参与，这对转变大学生的就业观、发展观起到了积极的作用。为了强化课程对大学生就业能力的培养与提高的效果，该校根据市场需求调整专业课程设置，在教授学生专业知识的同时，加大职业信息和就业方向的教育力度，在主干课程中增加了专业发展前景、专业社会需求等内容，引导学生以专业为切入点来思考自己的职业生涯发展，结合专业与就业、学业与职业，引导学生根据未来的职业目标和方向有针对性地选择学习内容，准备知识技能，形成自己的核心竞争力。

在课程建设上，学校把"大学生职业生涯规划和就业指导"设为必修课程，纳入素质教育学分。该校人才培养方案由专业培养方案和素质教育方案两部分构成，职业生涯规划教育属于素质教育方案。素质教育方案学分分为必修学分和选修学分两部分。在必修学分中，职业生涯规划和就业指导教育模块总共 32 学时，共计 2 学分。它分为开学教育 2 学时，职业生涯规划教育 22 学时，就业指导教育 8 学时。

在师资力量上，学校组织专门力量成立了大学生职业生涯规划课程教研室，依托经济与贸易学院人力资源系开展教育教学活动。人力资源系根据学校学生和专业特点重新设计了课程模块，制作了专门的定制课程以及教学用教师手册和学生手册。学校教师通过集体备课、定期教学研讨等方式提高教学质量和效果。招生就业处在每学期的开始和结束时都会组织召开"大学生职业生涯规划"课程研讨会，探讨教学中的重点和难点等问题。

（三）充分利用校友资源，通过讲座、沙龙、研讨会等形式引导学生主动接触职业世界

学校可以聘请从事人力资源相关工作的优秀校友担任学生的职业导师。学生职业导师为公益性社会兼职，聘期三年，学生职业导师通过职业讲坛、职场引路人活动、定期见面或通信联络等方式，及时为广大学生提供教育、引导、咨询和决策参考等志愿服务，着力帮助他们正确认识职业、树立职业意识、培养职业精神、提升基本素质和综合能力以推动实现毕业生充分就业和更高质量就业。

例如，重庆理工大学会定期召开"重庆理工大学·紧密层用人单位大学生就业与人才培养"研讨会，并邀请多家用人单位的人力资源部部

长（人事总监）到校参会，从毕业生招聘、生涯规划辅导、3+1人才培养、产学研合作、企业员工培训、聘任专职教师、学生就业实习基地建设等多方面进行洽谈，不断深化合作内容，丰富合作内涵。

（四）通过校园活动促使更多的学生提高自身的综合素质，从而提升就业力

学校应该在全校范围内举办大学生职业生涯规划大赛，如职来职往挑战赛、模拟招聘大赛等。大赛的宣传、动员、组织、培训、评选、展示等工作，还能为学生营造关注职业规划、关注自身发展的良好氛围，使各专业学生积极参与、认真准备。这不仅能使学生在比赛中进一步锻炼表达和展示自我的能力，还能使学生通过比赛对自己的专业有更深入的了解，对职场有更真实的体验，对自己的目标有更清晰的认识。

（五）通过在学院的职业生涯规划教育试点工作推进学生对职业信息的获取

在全面铺开大学生职业生涯规划教育的同时，各学院应根据自己的专业特色开展教育试点工作，形成点面结合的生涯规划教育体系。例如，重庆汽车学院就开展了大学生职业生涯规划试点工程，并在大一车辆专业中实施。该试点工程历经三年时间，分阶段分时间开展工作，完成了学生的分组和问卷调查并对数据进行了统计和分析，建立了学生职业生涯规划档案和学生的个人信息资料库，还举办了职业生涯规划讲座、职业生涯规划测评、生涯规划大赛和团体辅导等活动。

（六）课程教学与个体咨询相结合进一步保证了学生有针对性地提升自己的就业力

重庆理工大学材料学院曾开展教授与学生“一对一咨询”项目。所谓“一对一咨询”，就是当学生在学习与成长中感觉“不舒服”时，上网发电子邮件或者用电话预约教授，根据教授“门诊”时间，填写预约申请表，等待"诊疗"，之后教授与其一对一谈心交流，最终解决其困惑和问题。该学院学生工作办公室主任龙婷说："其实学生预约教授就像挂'专家号'一样，'挂号'后就可以等待'专家坐诊'了。"自开展这一项目以来，材料学院先后有20多位教授参与这个特殊的"坐诊"项目。学校副校长、新世纪百千万人才工程国家级人选黄伟九教授"坐诊"大学生学业发展选择与规划及考研相关问题；国家有色金属工业首批学术带头人、重庆市学术带头人杜长华教授"坐诊"适应大学学习、时间管理与领导力培养问题；一级心理咨询师、职业生涯规划咨询师谢春林副教授"坐诊"学习心理问题；曾留学于英国曼彻斯特大学的麻彦龙副教授"坐诊"大学生学业生涯规划和沟通力提升问题；学院副院长、副书记以及数位专业硕士生导师也担任了"学习咨询师"与学生一对一"坐诊"。现在，该学院学生面对学习与发展问题时，去"一对一咨询室"与教授谈心听诊，成为他们的一种自觉选择。材料学院通过深入开展教授与学生"一对一咨询"项目，走出常规的课堂学习模式，使学生能够更有效地管理自己的学习和生活，对职业世界保持持久的关注与探索。

第二章 大学生人力资本对就业的影响研究

第一节 认知能力、非认知能力对收入的影响

人力资本理论的发展经历了漫长的历史过程：从古典政治经济学人力资本思想到新古典经济学人力资本思想，再演变为现代人力资本理论，最后再到当代人力资本理论。[①]前三个阶段中，教育水平一直是人力资本的核心，被认为是认知能力的代理变量，且对人力资本的认识也是在认知能力范围内。然而，随后的大量研究发现，仅仅通过个体认知能力并不能完全解释其对个体收入产生差异的原因。[②]在早期，人力资本模型中对"能力"的解释单一地认为是教育、技术、知识为代表的"认知能力"，这也是认知能力成为现代社会的重要分层机制的原因，但这也导

---

① 惠宁，霍丽.试论人力资本理论的形成及其发展[J].江西社会科学，2008（3）：74-80.
② 龚欣，李贞义.学前教育经历对初中生非认知能力的影响：基于CEPS的实证研究[J].教育与经济，2018（4）：37-45.

致在劳动分工研究中非认知能力被广泛忽略。[①] 到目前为止，关于认知能力，国内外学者已经建立了相对规范的术语以及较为成熟的测度方法，如通过对识字能力、记忆能力、计算能力、推理能力等能力因素的测量来衡量认知能力。直到现在，这种对能力的狭隘解释仍然被许多学者采用，而这些研究结果不能说明非认知能力的经济、投资价值。[②]

新人力资本理论完善了传统人力资本对认知能力过于关注的缺陷，并且对能力构成、能力与生涯发展的关系有了更加丰富的解释。[③] 在近年来关于新人力资本理论及相关的研究成果中，非认知能力的重要性得到了越来越多学者的关注。[④] 他们从个体学业表现、未来收入等方面对非认知能力对个体发展的影响进行了研究。[⑤] 非认知能力不同于认知能力，它的测量不能依靠有标准答案的考试来进行，所以学者大多借鉴心理学的量表，最常使用的是大五人格量表。[⑥] 由于中国社会经济制度和文化传统等与西方存在较大的差异，所以中国的学者也构建了一套本土化的非认知能力测量体系，并将自信、自尊、专心、成就动机、自律、毅力、社交技巧等总结为非认知能力的内容。[⑦] 下面将从非认知能力的结构入手，

① 李晓曼，曾湘泉. 新人力资本理论：基于能力的人力资本理论研究动态 [J]. 经济学动态，2012（11）：120-126.

② 周金燕. 人力资本内涵的扩展：非认知能力的经济价值和投资 [J]. 北京大学教育评论，2015，13（1）：78-95，189-190.

③ 肖焰，蔡晨. 基于能力理论的人力资本研究综述 [J]. 中国石油大学学报（社会科学版），2017，33（6）：21-26.

④ 李玲，蒋洋梅，孙倩文. 新人力资本理论下学前教育经历对初中生能力发展的影响 [J]. 学前教育研究，2020（1）：64-75.

⑤ HECKMAN J J, RUBINSTEIN Y. The importance of noncognitive skills: lessons from the GED testing program[J]. American Economic Review, 2001, 91（2）: 145-149.

⑥ HECKMAN J J, STIXRUD J, URZUA S. The effects of cognitive and noncognitive abilities on labor market outcomes and social behavior[J]. Journal of Labor Economics, 2006, 24（3）: 411-482.

⑦ 胡博文. 非认知能力对劳动者收入的影响：机制探讨和实证分析 [D]. 杭州：浙江大学，2017：105.

利用CFPS 2018的数据，分析认知能力与非认知能力对个体收入的影响，以期为大学生人力资本的积累提供决策依据。

一、认知能力与非认知能力的测量

认知能力测验通常包括感知、记忆、注意、思维和想象力的测量。认知能力通常被认为与智力和解决抽象问题的能力相同。一般情况下，人们将阅读、科学和数学能力的考试成绩作为衡量标准。国内外广泛认同的测量方法，是将对识字能力、记忆能力、计算能力、推理能力等能力因素的测量当作认知能力测量。本书将CFPS 2018的关于词组测试题得分、数学测试题得分作为测量认知能力的指标：词组测试题得分高低代表识字能力和记忆能力的强弱，得分越高代表被测试人的识字和记忆能力越强；数学测试题得分的高低表示计算能力和推理能力的强弱，得分越高表示被测试人的计算和推理能力越强。

大五人格量表被大部分中国学者认为是最适合测量中国劳动者的非认知能力的工具。它对个人特质的分类可以较大程度地反映个体的非认知能力。本书将CFPS 2018中描述非认知能力的问题划分为严谨性、顺同性、外向性、开放性和情绪稳定性五个部分[①]，详细分类可见表2-1。

---

① 盛卫燕，胡秋阳.认知能力、非认知能力与技能溢价：基于CFPS2010—2016年微观数据的实证研究[J].上海经济研究，2019（4）：28-42.

表 2-1　CFPS 2018 问卷中非认知能力问题描述

非认知能力	主要特征	细分特征	CFPS 2018问卷题项
严谨性	体现条理、成就、谨慎程度。该分数越高，表明个体考虑问题及行为处事更周全，更理性	条理性	我喜欢有条理
		事业心	生活有目标
		审慎性	我做事细致周全
顺同性	体现信任、利他、谦虚的程度。该分数越高，表明个体越容易与人合作，对他人越宽容和越容易信任他人	利他性	让朋友喜欢
		顺从性	信任还是怀疑别人
外向性	体现热情、活跃、喜欢冒险的程度。该分数越高，表明个体越善于社交、朋友广泛	热情合群	不被人讨厌
		积极情绪	自己持肯定态度
开放性	体现对不同思想的接受程度。该分数越高，表明个体越容易接受新鲜观念和创新理念	开放性	生活有乐趣
		价值性	追求自己价值
情绪稳定性	体现个体情绪状态。该分数越低，表明个体情绪越稳定，越有安全感，对压力的耐受力越高	焦虑	我的睡眠不好
		忧郁	我感到孤独
		脆弱	我感到悲伤难过

注：5 个维度指标分数将通过对应细分特质问题的得分平均后得到。

二、认知能力、非认知能力对收入的影响

为了得到认知能力、非认知能力对收入的影响结果，可以先把认知能力与非认知能力放在回归模型的右边，然后加入控制变量。所有回归结果如表 2-2 所示。第一组中，只加入认知能力、非认知能力变量，控制变量集合为空，其余列表依次增加性别、受教育年限、婚姻状况、年龄等控制变量。

表 2-2　认知能力与非认知能力对收入的线性回归分析

因变量：收入对数		模型1	模型2	模型3	模型4	模型5
认知能力	词组测试题得分	0.069**	0.068**	0.022**	0.019**	0.017**
		（0.018）	（0.013）	（0.008）	（0.006）	（0.004）
	数学测试题得分	0.032*	0.035*	0.017**	0.016**	0.014**
		（0.011）	（0.012）	（0.005）	（0.004）	（0.003）
非认知能力	严谨性	0.047*	0.042*	0.038*	0.034*	0.024*
		（0.022）	（0.020）	（0.016）	（0.014）	（0.012）
	顺同性	0.071	0.066	0.059	0.052	0.042
		（0.069）	（0.096）	（0.153）	（0.127）	（0.144）
	外向性	0.080*	0.075*	0.072*	0.068*	0.063*
		（0.032）	（0.032）	（0.031）	（0.029）	（0.030）
	开放性	0.031	0.021	0.018	0.018	0.015
		（0.096）	（0.152）	（0.136）	（0.124）	（0.129）
	情绪稳定性	−0.042**	−0.039**	−0.037**	−0.036**	−0.028**
		（0.006）	（0.005）	（0.008）	（0.006）	（0.006）
控制变量	性别		0.358*	0.352*	0.352*	0.338*
			（0.126）	（0.122）	（0.108）	（0.128）
	受教育年限			0.065*	0.063*	0.053*
				（0.032）	（0.031）	（0.025）
	婚姻状况				0.054*	0.043*
					（0.029）	（0.018）

续　表

因变量: 收入对数		模型1	模型2	模型3	模型4	模型5
控制变量	年龄					0.352*
						(0.127)
	常数项	6.685***	6.598***	6.588***	6.622***	6.422***
		(0.954)	(0.967)	(0.978)	(0.102)	(0.993)
N		4781	4781	4598	4598	4598
R^2		0.121	0.176	0.189	0.192	0.195

注: ①"*"表示回归系数在 0.05 水平上显著, "**"表示回归系数在 0.01 水平上显著, "***"表示回归系数在 0.001 水平上显著。②括号内数字表示稳健标准误。③ N 为样本数量。④ R^2 为拟合度。

从表 2-2 可以看出,作为认知能力测量的词组得分、数学得分和收入有显著正向的关系。词组得分和数学得分越高,工资收入就越高。这说明,识字能力、记忆力、计算力、推理能力等认知能力强的人,他们的劳动效率更高,从而产量更高,收入就更高。在非认知能力中,严谨性、外向性、情绪稳定性这三个方面对收入是有显著影响的。其中,严谨性与外向性对收入的影响为正,说明在工作中越是负责,越是善于沟通、合作,工资收入就越高。情绪稳定性对收入的影响为负,说明情绪管理能力在工作当中是非常重要的,特别是在当下竞争越来越激烈、工作时间越来越长的环境下,能够不被负面情绪困扰、全力投入工作是一种难能可贵的素养。总的来说,表现出自信并且抗压能力越强的人,越能受到领导的青睐,并且更能在职位上坚持下来获得成功,从而获得个人工资性收入的提高。

三、认知能力、非认知能力对收入影响的差异分析

从性别差异看，男性劳动者的工资相对于女性劳动者而言，还受外向性和情绪稳定性两方面的影响。也就是说，有决断力、领导力、进取心的男性更容易获得高薪聘用的机会。同时，抗压能力强的男性也容易提高收入。从结果可以看出，男性和女性的认知能力对收入有显著影响。无论是男性还是女性，想要提高收入，就要增强自身的认知能力。劳动者增强记忆力和逻辑能力，更容易提升自己的业绩，并使工资得到提升。而数据中女性非认知能力中的开放性也与工资性收入有显著性相关关系。产生这种情况的原因可能是女性大部分是从事服务类工作，这类工作需要员工拥有创新性思维和可以快速接受新事物的能力。因此，创新、开放思维能力越强的女性越容易获得高工资。

从行业差异看，不管是农业还是非农业，认知能力中的逻辑和思维想象等能力对劳动者收入都有影响。计算力、思维能力的提升可以提高农业劳动者的收入。在非认知层面，外向性、开放性和情绪稳定性对各个行业的收入也有较大的影响，而对于从事农业方面的影响较小。非农业劳动者中外向性、开放性和情绪稳定性越明显的，其所拥有的收入就越高。

从城乡差异来看，城镇劳动者非认知能力比认知能力对收入的影响更为显著。而乡村劳动者拥有的思维能力、计算能力对收入有显著影响。相对于乡村工作种类，城镇劳动者的工作类型更加多样，在职业发展上，受到可迁移技能的影响更大，因此，非认知能力在这方面起到了显著的作用。

从工作类型来看，对于从事低端的、重复性的、程序性的工作来说，认知能力对劳动者收入影响较大，这是因为程序性的工作需要劳动者具有良好的记忆能力，而对于从事更为复杂的、更为多变的工作来说，非认知能力对劳动者的收入影响更大，从这一点可以看出，人工智能对劳

动的替代，更多地发生在运用认知能力的工作类型中，所以说，在未来的工作场景中，发挥人的非认知能力会显得越来越重要。

第二节　高校毕业生人力资本对技能错配的影响

2016 年由清华大学和复旦大学合作完成的《中国劳动力市场技能缺口研究》报告指出，约七成的用人单位认为大学生在校期间获得的知识应用性不强，目前我国的劳动力市场存在技能错配的问题，而以高等教育与市场最终需求不同步为特征的"技能短缺"和"教育过度"现象，也是大学生求职困难的重要原因之一。高等教育的大众化让大多数人能接受更高层次的教育，学会更多的技能，在这期间获得积累的所有人力资本都是为了找到满意的工作。然而，教育的发展速度与社会的发展速度并不匹配，在劳动力市场上出现了供求不平衡的状况，一方面毕业生找不到合适的工作，另一方面企业找不到符合自己预期的人才，双方的信息不匹配造成了当前劳动力市场的失衡。本书将大学生人力资本分为学习性、实践性和体质性人力资本三类，利用问卷调查的数据通过逐步回归分析，分别讨论它们对大学生技能错配的影响。

一、技能错配的定义及原因

技能错配是一个广泛的概念，学者对其概念定义各有差别。有的学者从劳动市场的角度对其定义，如 Allen 和 Van Der Velden 在验证工作分配理论时，指出技能错配的核心本质是工作内容要求与个人实际能力之间的不匹配。[①]Hatos 认为技能错配指的是劳动者提供的技能和能

---

① ALLEN J, VAN DER VELDEN R. Educational mismatches versus skill mismatches: effects on wages, job satisfaction, and on-the-job search[J]. Oxford Economic Papers, 2001, 53（3）: 434-452.

力与劳动力市场所需技能和能力之间的各种类型的不平衡。[1]有学者从员工自身和工作的角度进行理解，如 Fredriksson、Hensvik 和 Skans 将错配定义为新员工与在同一职业和行业中经验丰富的同行之间的技能差距。[2]有研究者对其进行了更为细致的分类，如 McGuinness，Pouliakas 和 Redmond 指出，技能错配包括纵向技能错配、横向技能错配、技能差距、技能短缺和技能过时。纵向技能错配包括过度教育、教育不足、技能过多、技能不足；横向技能错配衡量的是员工被雇用在与他们专业领域无关的职业的程度；技能差距描述的是雇主认为工人不具备足够的能力来成功地完成他们目前的工作；技能短缺指的是由于缺乏合适的候选人，雇主无法填补关键的职位空缺。[3]盛世明、程强认为技能错配包含了宏观和微观层面的含义，宏观上是指技能总供给与总需求两方面之间的差距，即某一地理单位上，不同技能或学历水平对应的全部可雇用劳动力和全部企业提供的可获得工作职位之间的匹配是次优的；微观上则是指员工个体的技能不同于工作所需。[4]

关于技能错配现象的原因，主要包括劳动力市场中技能的供求不平衡、组织制度和个人特征三个方面。

（一）劳动力市场技能供需的结构矛盾

Liu，Salvanes 等的研究发现，最初劳动力市场状况对职业生涯早期

① HATOS R. Skills mismatch of the young people at the European level[J]. Annals of the University of Oradea: Economic Science, 2014, 1（1）：431-439.

② FREDRIKSSON P, HENSVIK L, SKANS O N. Mismatch of talent: evidence on match quality, entry wages, and job mobility[J]. American Economic Review, 2018, 108（11）：3303-3338.

③ MCGUINNESS S, POULIAKAS K, REDMOND P. Skills mismatch: concepts, measurement and policy approaches[J]. Journal of Economic Surveys, 2018, 32（4）：985-1015.

④ 盛世明，程强. 新经济背景下技能短缺与技能不匹配的成因探究[J].上饶师范学院学报，2020, 40（4）：91-95, 105.

的匹配质量和技能不匹配有持续的影响，特别是在经济衰退时期，毕业造成的短期和长期收入损失有很大一部分原因是第一份工作的匹配质量。Sparreboom 和 Tarvid 在探究工作两极化与技能错配的关系时发现技能错配的程度受工作极化的影响，并且由于受教育工人的供应逐渐增加，他们难以适应低技能职业所占份额的变化情况。[①] 李强、戈艳霞、郑路研究发现大学生的知识技能与市场需求之间存在着大范围的不匹配，造成这一现象的主要原因是教育设置与企业单位用人需求脱节，专业与岗位"不对口"。[②]

（二）组织制度方面

Capsada-Munsech 和 Valiente 通过比较欧洲不同地区劳动者技能水平来分析技能错配现象。[③] 在教育制度上，Kucel 和 Vilalta-Bufi 以西班牙国家为例分析了三种类型的技能错配：过度教育、横向错配和过度技能。他们认为培养创业技能的大学项目有助于个人找到合适的工作，将创业技能引入高等教育课程可以减少西班牙以及其他拥有类似就业市场设置的国家的错配问题。[④]Emmanuel 认为尼日利亚劳动力市场中的技能错配的根本原因在于职业教育课程的缺乏和忽视，并且为了避免毕业生的技能和工作要求之间的技能不匹配，需要在高等教育机构，特别是职业院

---

① SPARREBOOM T, TARVID A. Imbalanced job polarization and skills mismatch in Europe[J]. Journal for Labour Market Research, 2016, 49（1）: 19–42.

② 李强，戈艳霞，郑路. 壮大中产阶层与大学生技能匹配问题研究 [J]. 江苏行政学院学报，2017（2）: 62–67.

③ CAPSADA-MUNSECH Q, VALIENTE O. Sub-national variation of skill formation regimes: a comparative analysis of skill mismatch across 18 European regions[J]. European Education, 2020, 52（2）: 166–179.

④ KUCEL A, VILALTA-BUFÍ M. University program characteristics and education-job mismatch[J]. The B.E. Journal of Economic Analysis & Policy, 2019, 19（4）: 83.

校和工作单位之间建立紧密联系。① 除此之外，立法也会影响技能是否匹配，Fregin，Levels 和 Van Der Velden 的研究表明，较高的就业保护法有利于最佳技能匹配。②

（三）个人特征方面

教育水平是影响技能错配的一个重要因素。但研究者有两种不同的观点。一些学者认为两者有联系，如 Mavromaras 等用一个随机效应的动态模型来估计技能过度对工资的影响，发现技能过度是常见的，并且还具有高度持久性，在某种程度上与教育水平成反比。③ 另一些学者认为两者没有什么太大的联系，教育不匹配既不是技能不匹配的充分条件，也不是必要条件，并且技能不匹配对工资造成的影响只占教育不匹配中的一小部分。④

性别是学者研究的另一个重点。Sevilla 和 Farías 分析了智利劳动者的不同年龄、性别和受教育水平与技能不匹配之间的关系，结果表明女性资历过高，技能不匹配发生率更高，过度教育会随着时间的推移而增加，并且和技能过度一样，主要影响年轻、受高等教育的员

---

① EMMANUEL O U. Skills mismatch and dearth of vocational education in the Nigerian labour market: a cog in the wheels of national development[J]. American Journal of Educational Research, 2020, 8（3）: 173-181.

② FREGIN M C, LEVELS M, VAN DER VELDEN R. Labor market institutions and the challenge of allocating the right people to the right jobs: evidence on the relation between labor market institutions and optimal skill matching from 28 industrial countries[J].Compare: A Journal of Comparative and International Education, 2020, 50（2）: 257-275.

③ MAVROMARAS K, MAHUTEAU S, SLOANE P, et al. The effect of overskilling dynamics on wages[J]. Education Economics, 2013, 21（3）: 281-303.

④BADILLO-AMADOR L, VILA L E. Education and skill mismatches: wage and job satisfaction consequences[J].International Journal of Manpower, 2013, 34（5）: 416-428.

工。[①]Addison，Chen 和 Ozturk 发现劳动力市场对女性的技能不匹配影响更大，并且对于受教育程度低的群体而言，匹配质量的性别差异对于女性的标准差约为 7%。[②]

二、人力资本影响技能错配的研究设计

本书主要研究的是高校毕业生人力资本对技能错配的影响，根据之前学者的研究结论，提出以下两个假设。

第一，人力资本是一个整合的概念，主要包括具有经济价值的健康和能力的总和。除了学校教育外，雇主还可以通过其他方式了解大学生所获技能，如各种技能证书、获奖或荣誉证书、实践经历等。这些可以让雇主更加全面地了解一个人的技能水平，但是由于市场信息不对称以及认知差异，工作所需技能与高校毕业生所具备的技能之间可能存在不匹配的现象。有研究表明，雇主和雇员在就业能力的不同维度上的认知存在差异。[③]也就是说，雇主认为岗位所需学历与其实际所需学历之间并不一定是一致的，据此提出假设 1：高校毕业生存在教育错配现象，人力资本对教育错配有显著的负向影响。

第二，不同行业、岗位所需技能不同，在招聘时雇主会着重注意差异之处。一般而言，需要特殊技能的行业发生技能错配现象的概率较小，人力资本对技能错配的影响也较小，因为不具备这种特殊技能就不会被雇主招聘，如证券行业从业人员需要考取资格证书。专业技术岗位也是同理，专业技术工作一般需要工作者具备特定的技能，而企业管理工作

① SEVILLA M P, FARÍAS M. Labour market mismatch in emerging countries: the case of Chile[J].Compare: A Journal of Comparative and International Education, 2020, 50（2）: 276-293.

② ADDISON J T, CHEN L, OZTURK O D. Occupational skill mismatch: differences by gender and cohort[J]. ILR Review, 2020, 73（3）: 130-767.

③ 沈国琪 . 基于雇主预期视角的大学生就业能力结构认知偏差的实证分析 [J]. 吉林广播电视大学学报，2012（12）: 149-152.

对技能一般没有特殊要求。据此提出假设2：高校毕业生人力资本对技能错配的影响会因行业和岗位的不同存在差异，对那些需要特殊技能的行业和岗位的影响较小，对行政类、管理类的岗位影响较大。

本书的研究对象为高校毕业生，运用问卷调查的方法，对于技能错配的测量运用主观评价法，根据问卷中"您认为完成自己的工作所需要的学历是什么"的主观回答判断是否发生教育错配，同理，根据问卷中"您现在的工作对您的各项技能要求是什么"的主观回答判断是否发生技能错配。本书将人力资本这个核心自变量分为三个维度，包括学习性人力资本、实践性人力资本和体质性人力资本，其他相关变量定义见表2-3。

表2-3 变量名称及定义

变量类别	变量名称	变量定义
自变量	学习性人力资本	外语等级：0=没通过等级考试，1=通过四六级考试
		是否获得计算机等级证书：0=否，1=是
		是否获得职业资格证书：0=否，1=是
		大学平均学分绩点：0～2分以下=1，2～3分=2，3～4分=3，4分以上=4
		获得奖学金次数
		是否辅修第二专业：0=否，1=是
	实践性人力资本	"您是否参加过下列活动"
	体质性人力资本	"您认为自己……"的自我判断量表

续　表

变量类别	变量名称	变量定义
因变量	技能错配	"您认为您的技能水平如何"：1 分最弱，5 分最强 "您现在的工作对您的各项技能要求是什么"：1 分最低，5 分最高
控制变量	性别	0= 女，1= 男
	学校类型	0= 普通专科或高职院校，1= 普通本科院校，2=985 或 211 院校
	工作所在地	0= 西部，1= 中部，2= 东部
	政治面貌	0= 非党员，1= 党员

三、人力资本对技能错配的影响分析

表 2-4 按照性别、学校类型、政治面貌、岗位类型、工作所在区域和行业类型分别展示了教育错配和技能错配的发生状况。从表 2-4 可以看出，在教育错配和技能错配的发生占比上，女性均要高于男性，在教育错配上女性占比高出男性两倍多，在技能错配上高出男性约 17 个百分点；毕业于普通本科的大学生在教育错配和技能错配上的占比要高于毕业于普通专科或高职以及 985 或 211 高校的毕业生；非党员在教育错配和技能错配上占比要高于党员；工作所在区域在西部的人员在教育错配和技能错配上占比要高于工作区域在东部和西部的人员；从岗位类型来看，从事专业技术工作的人员在教育错配和技能错配的占比上要低于从事企业管理工作的人员；从行业类型来看，教育培训行业发生教育错配的占比最高，制造业发生技能错配的占比最高。

表 2-4 技能错配发生状况

变 量	分 类	教育错配/%	技能错配/%
性别	男	21.1	41.3
	女	78.9	58.7
学校类型	普通专科或高职	31.1	25.8
	普通本科	60.3	70.1
	985 或 211	8.6	4.1
政治面貌	非党员	68.9	78.4
	党员	31.3	21.6
岗位类型	企业管理工作	65.6	62.9
	专业技术工作	34.4	37.1
工作所在区域	东部	22.2	17.4
	中部	33.3	30
	西部	44.4	52.6
行业类型	制造业	17.8	25.8
	信息传输和软件业	11.1	9.9
	金融业	12.2	8.5
	房地产	3.3	5.6
	文化体育娱乐	7.8	4.2
	教育培训	26.7	18.8
	公共管理与社会组织	4.4	5.2
	其他	16.7	22.1

在单独加入学习性人力资本变量时，学习性人力资本对教育错配有显著的负向影响，影响系数为 –0.09，学习性人力资本越高，产生教育

错配现象的可能性越低。考虑到学习性人力资本是个人通过学习获得的，受个人因素的影响，因此，在加入性别、学历、学科类型和毕业学校类型变量之后，影响系数从 –0.09 变为 –0.176，这说明学习性人力资本对教育错配的影响很大一部分是由被调查者的性别、学历、学科类型和学校类型引起的，男性、工科人员产生教育错配的可能性较小，研究生、重点大学产生教育错配的可能性较小。相对于制造业，教育培训行业与人力资本对教育错配产生影响有显著性相关关系，而在不同岗位，人力资本对于技能错配没有显著影响。

第三节　高校大学生技能证书对就业起薪的影响

劳动经济学中有一个重要的概念就是就业起薪，它是指大学生毕业后第一次就业时用人单位支付的初始薪酬，它是劳动力市场对高校大学生的个人特征、人力资本等反映的劳动能力进行评估而定的价值反馈，也就是说"我能值多少钱"。[①] 同时，它也反映着大学生的就业质量。一方面，高校大学生作为劳动力市场上的新生力量和国家未来的中坚力量，就业起薪会在不同程度上影响大学生自身的职业发展，进而影响社会的发展甚至是国家的发展，国家和高校通过大力支持大学生创新创业的方式来促进就业，开展大学生职业生涯规划课程，让大学生对就业未雨绸缪，可以在一定程度上提高就业质量。另一方面，现在有灵活用工的新型就业方式，也能够缓解市场上的就业压力。而就业起薪，在一定程度上也取决于大学生获取的技能证书，技能证书在一定程度上能够反映个体的技能水平，因此，获取技能证书能够提高就业起薪。探究高校大学生技能证书对就业起薪的影响不仅有助于了解当前的高校大学生考证热

---

① 杜江，张东明.如何促进高校毕业生起薪水平：基于就业起薪与保留工资影响因素一致性的实证研究 [J].宏观质量研究，2017，5（2）：98-107.

的现象背后的原因，为大学生的学业规划提供依据，还有助于了解不同技能证书对就业起薪的影响，从而引导大学生理性考证，有选择性地获取技能证书。根据调查，大学生考证还是以计算机和英语为主。[①] 因此，下面以计算机和英语等级证书以及职业资格证书作为技能证书的主要类型，建立多元线性回归方程，探讨技能证书对高校毕业生就业起薪的影响。

一、技能证书对就业起薪影响的文献研究

关于技能证书与收入，国内外的学者都对二者的关系进行了广泛的探讨。值得一提的是 Kleiner 和 Krueger 两位学者在这方面进行了长期的跟踪研究。他们根据美国当地的职业资格证书的不同情况，包括证书颁发的等级（如州级或县级）、认证的类型（如是当地政府认证还是国家认证）、进入不同行业的证书要求等，对工资效应的影响进行了长期的实证分析。Kleiner 研究发现，除了教师以外，某些行业，如医生和律师行业，获得了职业资格认证的从业人员比未获得职业资格认证的从业人员的时薪高 4% 至 64%。[②] 接着，Kleiner 研究发现，经济学家的平均工资比律师的平均工资低 4.8%，更令人惊讶的是，律师的平均工资比社会学家的平均工资高 45.4%，科学家和生物学家的平均工资比医生的平均工资低 40.7%，这验证了不同行业之间，即使是工作内容相似，但职业资格认证的要求不同仍会存在显著的薪资差异。[③]Kleiner 和 Krueger 的研究发现，职业资格证书与 18% 的工资上涨相关，并且资格证书等级越

① 夏冰洁，蒋录全. 大学生考证与就业关系研究 [J]. 中国管理信息化，2019, 22 (17): 215-217.

② KLEINER M M. Licensing occupations: ensuring quality or restricting competition?[M].Kalamazoo, Michigan: W.E. Upjohn Institute for Employment Research, 2006: 424-425.

③ KLEINER M M. Regulating occupations: the growth and labor-market impact of licensing [J]. Perspectives on Work, 2005, 8 (2): 40-41.

高，收入越高。[①]

我国学者在 2010 年后才开始就这一主题进行实证研究。李雪、钱晓烨、迟巍根据我国国情，构建了中国情境下的职业资格认证的工资效应的理论框架，并在此框架下，以明瑟模型为基础建立了职业认证工资效应模型。结果发现，拥有职业资格证书的从业者比无职业资格证书的从业者平均收入高出 17.6%，在控制了考证的选择效应之后，依然有 9.3% 的工资增量被观察到，验证了职业资格证书可以使从业者提高工资收入，并且提高职业资格证书的等级、增加证书的数量，从业者的工资也会显著提高。[②]苏中兴、曾湘泉研究发现，持有职业资格证书的工人与未持有证书的工人之间存在显著的收入差异，验证了确实存在职业资格证书显著的收入效应，这主要是因为持有职业资格证书的工人的技能水平比未持有者的技能水平高。[③]与此类似的是，刘艺、宋波的研究结果表明，持有职业技能证书的农民工比未持有者的平均工资要高，并且证书的等级不同，会使证书的工资效应产生差异。[④]王延涛、李心雅、蒋海舲的研究表明，职业资格证书在满足了岗位需求的前提下，可以使劳动者的工资水平显著提高。接着，他们先后按照人力资本质量和劳动力年龄进行分组后，发现在非高等教育下的中年劳动力群体中，职业资格证书对工资产生的正向促进效用更加显著。[⑤]

① KLEINER M M, KRUEGER A B. Analyzing the extent and influence of occupational licensing on the labor market[J]. Journal of Labor Economics, 2013, 31（增刊 1）：173-202.

② 李雪，钱晓烨，迟巍.职业资格认证能提高就业者的工资收入吗：对职业资格认证收入效应的实证分析 [J]. 管理世界，2012（9）：100-109，119，188.

③ 苏中兴，曾湘泉.国家职业资格证书、工人技能水平和收入效应：来自 5 家制造型企业 21 个生产车间的经验证据 [J]. 经济理论与经济管理，2011（6）：94-102.

④ 刘艺，宋波.农民工职业技能证书的工资效应研究 [J]. 南京工程学院学报（社会科科版），2018，18（1）：43-49.

⑤ 王延涛，李心雅，蒋海舲.职业资格证书收入效应的异质性研究：基于人力资本质量的视角 [J]. 宏观质量研究，2018，6（4）：102-111.

大部分研究是针对整体的、某个行业或者某些职业的劳动力，以及农民工群体，专门针对大学生群体技能证书对就业起薪的影响开展的实证研究相对来说不多，学术界对此也没有统一的观点。下面简要阐述学者的相关研究。陈于通过回归分析方法对南通大学的大学生进行研究，结果发现，通过大学英语六级考试和有职业资格证书的大学生起薪更高。[①] 更进一步，王占国利用全国 17 所高校的调查数据进行研究，发现职业资格证书能够有效提高毕业生的起薪，而且有性别差异，对男性大学生起薪的正向影响更大。[②] 周丽萍、蒋承利用 2007—2015 年全国高校毕业生就业调查数据，对外语类和计算机类通用型证书与毕业生就业起薪的关系进行探讨，发现对比计算机类证书，只有外语类证书对就业起薪的关系的影响是正向显著的，但也存在减弱的趋势。[③] 然而，孟大虎、苏丽锋、李璐的研究发现，能显著提高起薪水平的人力资本变量是获得各种英语考试证书，而职业资格证书在这方面起到的作用并不明显。[④] 刘丽彬、陈怡安、刘璐宁的研究也发现职业资格证书在实际情况中并未起到提高收入水平的作用。[⑤] 同样的，秦印通过实证分析，发现专业资格证书、职业资格证书对大学生初职薪资没有显著影响。[⑥]

[①] 陈于. 大学生就业的人力资本与社会资本因素分析 [J]. 南通大学学报（社会科学版），2014，30（6）：104-110.

[②] 王占国. 高校毕业生起薪影响因素及性别差异研究 [J]. 教育与经济，2015（5）：40-45，54.

[③] 周丽萍，蒋承. 拼证能否提薪：通用型证书的收入效应和信号发送机制研究 [J]. 教育与经济，2020（1）：42-53.

[④] 孟大虎，苏丽锋，李璐. 人力资本与大学生的就业实现和就业质量：基于问卷数据的实证分析 [J]. 人口与经济，2012（3）：19-26.

[⑤] 刘丽彬，陈怡安，刘璐宁. 产业转型背景下高技能人才供给失衡的影响因素研究：以北京市为例 [J]. 中国人力资源开发，2013（1）：10-16.

[⑥] 秦印. 人力资本类型与大学生初职就业质量关系研究 [J]. 广西民族大学学报（哲学社会科学版），2017，39（4）：127-133.

二、技能证书与就业起薪的相关分析

本书采用问卷调查方式收集研究数据，于 2021 年 3 月对重庆高校的应届毕业生进行了调查，由于本书主要研究就业起薪，所以剔除了未就业的毕业生，同时为防止就业起薪受极端值的影响，只保留了 1 000～10 000 元的有效数据。调查问卷共发放 376 份，回收有效问卷 300 份，有效回收率为 80％。本问卷包括个人基本信息、获得证书情况、就业情况、社会性参与情况、就业起薪等内容。本次调查的样本结构：男生 141 人，占比 47％，女生 159 人，占比 53％。专科生 91 人，占比 30.3％，本科生 172 人，占比 57.3％，研究生 37 人，占比 12.4％。

关于大学生技能证书对就业起薪影响的定量研究，本书采用 OLS 进行回归分析。因变量为高校毕业生获得的就业起薪对数，核心解释变量为该个体是否获得某类证书，控制变量包括个人特征和家庭特征，包括学历、政治面貌、学科类型、学校类型和父亲文化程度。核心解释变量前的系数表示持有该类证书与未持有该类证书的起薪差异。

表 2-5 按照性别、学历、学校类型和专业类型分别展示了本数据中获得英语等级证书、计算机等级证书和职业资格证书的学生分布情况。从表 2-5 可以看出，获得证书的大部分为本科毕业生，其次是专科毕业生。同时可以看出，获得英语六级证书的人数无论是在哪一个类别里都是最少的。

表 2-5　证书持有者人数状况（ N=300 ）

变　量	分　类	英语四级证书	英语六级证书	计算机证书	职业资格证书
性别	男	38	31	64	56
	女	55	29	80	91

变 量	分 类	英语四级证书	英语六级证书	计算机证书	职业资格证书
学历	专科	16	7	48	57
	本科	67	27	71	77
	研究生	10	26	25	13
学校类型	普通本科	74	44	89	83
	985 或 211	2	10	11	9
	专科	17	6	44	55
专业类型	人文类	40	43	62	52
	理工类	19	8	29	33
	经济管理类	34	9	53	62

技能证书对高校毕业生就业起薪的影响是本书关注的重点。表 2-6 对样本的起薪情况进行了分类描述性统计。从表 2-6 中观察到毕业生的就业起薪水平为 4 400 ～ 5 600 元，平均来看，相对于未获得英语等级证书的毕业生起薪（4 453 元），获得英语四级证书要比其高 271 元，获得英语六级证书要比其高 1 082 元，并且获得英语六级证书比获得英语四级证书的起薪高出 811 元。计算机等级证书持有者的就业起薪只比没有该证书的人高 180 元，获得职业资格证书比未获得该类证书的毕业生高 161 元。而从总体看来，获得英语六级证书的大学生就业起薪都高于其他证书。

表 2-6 获得证书与否的毕业生就业起薪分布

证书类型	分 组	样本数	起薪均值/元	标准差
英语等级证书	未获得	147	4 453	1.74
	四级	93	4 724	2.00
	六级	60	5 535	2.04

续　表

证书类型	分　组	样本数	起薪均值/元	标准差
计算机等级证书	未获得	156	4 660	1.73
	获得	144	4 840	2.11
职业资格证书	未获得	153	4 670	1.90
	获得	147	4 831	1.95

　　为了看清不同的技能证书与起薪的关系，本书对技能证书与就业起薪做了相关性分析，结果如表 2-7 所示。从表 2-7 可以得知，和就业起薪具有相关关系的变量只有英语等级证书，也就是英语等级证书与就业起薪之间具有显著性相关关系，而计算机等级证书与就业起薪并无显著相关关系，同样的，是否获得职业资格证书也与起薪没有相关关系。

表 2-7　技能证书与就业起薪之间的相关性分析

变　量	就业起薪对数	英语等级证书	计算机证书	职业资格证书
就业起薪对数	1			
英语等级证书	0.163**	1		
计算机证书	0.013	0.289**	1	
职业资格证书	-0.048	0.005	0.340**	1

　　注："**"表示回归系数在 0.01 水平上显著。

　　计算机等级证书与就业起薪不相关的原因：第一，现如今是互联网时代，当代年轻人能够掌握基本的电脑操作，更何况是受过高等教育的大学生，对于一些基本的办公软件的运用早已经是轻车熟路，还有某些专业的大学生课程要求掌握一些专业应用软件，如 PS、CAD、Python 等。第二，除了 IT 行业，当大学生真正参加工作时，用人单位对于操作计算机的水平要求不是特别严格，大部分工作也只是通过一些基本的办公软件就能完成。所以对于用人单位来说，是否获得计算机等级证书意义不大。

职业资格证书和就业起薪之间的不相关，一方面是因为职业资格证书大多时候只是作为进入一个职业的通行证，进入职业和在工作中得到高薪资存在很大区别。另一方面，随着市场经济的发展愈加迅速，职业资格证书考取难度的下降导致部分认可度也在下降，所以在劳动力市场中，该证书的作用在一定程度上受到质疑。

三、英语等级证书对就业起薪的影响分析

接下来，本书主要对英语等级证书和就业起薪之间的关系进行进一步的回归分析。在单独加入英语等级证书变量时，研究发现，获得英语四级证书对就业起薪并无显著影响（$p=0.513 > 0.05$），而英语六级证书对就业起薪具有显著的正向影响（$p=0.003 < 0.05$），影响系数为0.086。然而在实际生活中，获取等级证书与就业起薪之间不仅仅是简单的一元线性关系，还存在其他因素的影响，所以在回归模型中加入了一系列的控制变量来观测英语等级证书对就业起薪的影响。首先加入了性别、学历、政治面貌、毕业学校的类型和学科类型等个人特征变量，父亲的文化程度作为家庭特征变量，当控制这些变量时，持有英语四级证书对就业起薪的影响并没有显著性（$p=0.272 > 0.05$），持有英语六级证书对就业起薪的影响还是正向显著的（$p=0.036 < 0.05$），并且影响系数为0.061。其次在第三个模型中控制了岗位类型、工作所在地和工作所在区域这三个变量时，获得英语四级证书对就业起薪的影响仍然不显著（$p=0.294 > 0.05$），而持有六级证书的影响系数还是显著的（$p=0.035 < 0.05$）。所以最终可以发现，在控制了个人特征、家庭特征和就业情况的影响下，获取英语六级证书对就业起薪的影响系数为0.061，即英语

六级证书传递出正向的信号，并且获得英语六级证书的大学生的就业起薪显著高于未获得该证书者 6.1 个百分点，而获得英语四级证书的大学生的就业起薪与未获得者的就业起薪并无显著差异。这说明英语六级证书具有信号作用，获取英语六级证书本身就具有一定挑战性和难度，需要大学生有较强的主动学习能力和一定的抗压能力。

为了检验英语六级证书对不同性别的高校大学生的就业起薪影响，将性别作为分组变量，同样以上述回归模型为基础，逐步控制人力资本变量和就业情况，因变量还是就业起薪对数。根据性别进行分组回归分析，结果可以发现，在回归表里观察到英语六级证书这个变量的系数只有在女性组别里有显著性，即男性获取英语六级证书与未获得英语六级证书对起薪无显著的影响（$p=0.072 > 0.05$），而女性持有英语六级证书对收入有显著影响（$p=0.012 < 0.05$）。在女性这个组别里，逐步控制了人力资本的特征变量、家庭特征和就业情况之后，影响系数从 0.085 降到了 0.069，英语六级证书对收入影响依然是正向显著的。调查数据还显示，女大学生选择的行业主要是教育培训行业和其他行业（除制造业、互联网行业、房地产业）。女大学生在选择行业或者职业的时候，会主动从事文职类和非技术类的工作，如进入外资企业做外贸工作，进入教育行业当教师等。而进入这些行业或职业时，英语等级水平就是一个壁垒，因此，六级证书对就业起薪产生了正向影响。

第四节　促进大学生人力资本积累的对策

一、提升认知能力与非认知能力

以对 CFPS 2018 的分析结果为依据，本书提供了以下几点建议来提升劳动者的工资性收入。

（一）提升自身的计算、逻辑方面的认知能力

调查结果显示，在认知能力方面，计算能力、逻辑思维能力越强的人，其工资性收入就越高。因此，提升收入可以通过提高计算能力、逻辑思维能力来实现。拥有较强的逻辑能力可以使劳动者在工作中更有条理，可以让其更有效率地完成工作。因此，提升逻辑能力可以有效地提升工作业绩，而工作业绩的提升又能获得更高的报酬奖励。逻辑思维能力强的人更容易找到解决问题的简便方法，换句话讲就是，逻辑思维能力强的人，他完成一件任务所花的时间比别人短，即他在相同时间内可以比别人多完成一些工作内容。

（二）锻炼自身的抗压能力，提升自我心理素质

在激烈的职场竞争中，员工承受了巨大的职场压力。如果缺乏抗压能力，则很难在职场中生存。对于劳动者来说，抗压能力的缺失会使其产生畏惧、抵触的心理，而通过研究结果可以看出，在情绪稳定性方面，畏惧心理越严重，收入就越低。反之，拥有较强的抗压能力的人可以在压力中找到解决问题的方法。抗压能力强的人更容易完成高难度的任务，而这些高难度的任务往往伴随着高薪的回报。这就是在情绪稳定性的非认知方面，心理素质越好的人收入越高的原因。因此，想要提高个人工资，培养自我抗压能力是非常有必要的。

（三）提升领导能力，培养自信、冒险等外向的个人特性

从实际生活上来讲，拥有领导能力的人在面对复杂多变的环境时可以更迅速、更准确地做出判断，可以有效地把握住提高工资的机会。自信是对自我充分认识的表现，拥有自信的人在做出决定后会更加果断地行动。所以，拥有领导能力、自信的人，可以把握住提高工资的机会。而通过对外向性和工资的线性回归分析可以得知，外向性这种非认知能力越强的人，他的收入越高。因此，提升领导能力，培养自信、冒险等外向的个人特性可以实现工资的提升。

二、完善高校人才培养制度

（一）树立科学的融合发展观念与制度

学校应当高效开展职业生涯规划教育与专业教育的融合工作。首先，要提高融合的意识，从学生心理的角度出发，让学生提高职业生涯探索融合发展的意识，并加强对学生综合素质的培养。高校作为大学生学习、生活和发展的主要场所，应该坚持全面培养大学生的教育理念，树立科学的职业探索观和综合发展观，开展专业教育与职业生涯规划教育相融合的工作。其次，为了带领高等教育更好地进入正确发展的轨道，学校应该宣传正确的、科学的人才发展观，消除师生对职业生涯规划课程的误解，不断提高人们对职业生涯规划教育的接受程度。

例如，学校应摒弃原有的以实用主义为主的人才培养观念，逐渐提高职业生涯规划教育在高校课程体系中所占的比重，改善职业生涯规划教育的考核方式，提高职业生涯规划教育课程的学分，加强学生对职业生涯规划教育的重视，促进职业生涯规划教育与专业教育有效结合的发展。但是，在开展职业生涯规划教育的同时，不能削弱专业教育，即不能让学生将单一的专业学习作为个体的发展规划和目标，更不能让学生在职业生涯规划教育与专业教育相结合的过程中迷失自我。

因此，高校开展的专业教育始终是高等教育的基础。学校应当加强专业教育管理，更加注重对大学生专业知识和技能的巩固与培养，促进大学生理论联系实际的学习与发展。例如，高校可以增加实验器材和设备、开展校外考试、组织实践活动等，从而使学生增加实践经验和社会阅历，更高效地接受必备知识与技能。

（二）改进职业生涯规划教育与专业教育的资源配置

首先，在专业教育课程中，教师除了教授专业理论知识和技能以外，还应关注学生在情感、态度以及价值观方面的发展。在职业生涯规划课程体系下，教师要不断丰富职业生涯规划教育资源，为学生拓展职业生涯知识，并为其提供职业生涯发展的探索路径，以培养学生独立发现和理解接受新知识的能力。

其次，在职业生涯规划教育的体验中，学生应成为思想上的自由人，能够掌握自我认知和探索世界的能力，逐步发展成为职业发展相关人才。

最后，学生的职业生涯规划教育非常重要，因此人们需要一些高素质、高专业的教师来担任这份工作。高校应当开拓思路，采取引进来、走出去的方法。其中，引进来是指招收一些具有高素质、高专业的职业生涯规划教育教师，他们具有一定的教学经验，可以通过在学校举办一些专题讲座或者座谈会或者进行学校内部培训，为学校的青年教师提供更多的学习机会，从而使青年教师尽快适应自己的工作，以此提升高校职业生涯规划教育课程的教育工作质量。走出去是指高校的职业生涯规划教育的教师要积极走向企业，了解企业需求，进行产学合作。同时，职业生涯规划教育的发展需要稳定的教学设备、教育师资和合理的课程开设，使职业生涯规划教育和专业教育更快速与高校融合。

（三）关注学生的主体地位

职业生涯规划教育课程的设计目的在于提高大学生的职业生涯发展意识，帮助大学生更好地了解个人的职业兴趣和职业需求，从而提高大学生的职业生涯规划和发展能力。因此，对职业生涯规划课程的管理，首先要重视学生参与管理的意识，其次要从学校政策和具体管理过程两个角度为学生提供参与职业生涯规划教育管理的机会。一方面，要明确学生参与职业生涯规划课程管理的权利和责任。对此，学校可以制定相关规章制度，从实际出发，以专业为基础，保障学生参与职业生涯规划课程管理的权利。另一方面，要为学生提供参与职业生涯规划课程管理的机会和渠道。对此，教师应根据教材内容找到合适的教学方法，遵循学生的学习规律，注重对学生学习方法的指导和培养，从而激发、引导和提高学生学习的主体性，以及激发学生内在的学习欲望与学习要求，帮助学生从被动学习转变为主动学习。而学生在认知、操作、实践和思考过程中，不仅可以获得知识和技能的提高，还可以发展智力和能力，达到学会学习和乐于学习的目的。此外，人们还可以采取更加直接的方式，选择学生代表直接参与职业生涯规划课程管理，学生提出建议，学校满足学生的愿望。

（四）完善职业生涯规划教育的评价标准

综合评价标准是实现高校职业生涯规划教育目标的重要保证。从高校职业生涯规划教育的内涵和目标出发，职业生涯规划教育的意义是培养学生职业规划意识，强化职业生存力，优化学生的自我职业生涯意识。其教育目标是培养适应社会经济建设需要的人才，最终实现个体职业成长和可持续发展。正确认识和对待职业生涯规划与专业教育的关系，是探究学生发展问题的必由之路。大部分学生认为生活是不可以被计划的，所以这部分学生轻视职业生涯规划。要解决这一问题，人们应该引导他们认识职业生涯规划的重要性，帮助他们树立正确的职业生涯发展目标，并使其在这些目标的引导下提升学习质量和水平，从而在有限的时间内学到更多有用的东西，为将来就业打下坚实的基础。因此，职业生涯规划教育效果的评价标准应包括学校、社会和学生三个方面。

三、构建全程化职业生涯规划课程体系

（一）构建全程化课程内容

学校应根据不同年级学生的生涯发展特点和生涯任务，安排不同的课程内容，设计不同的教育活动方案。

大一年级应注重"生涯认知"，主要围绕入学适应、合理规划学业、

自我探索等内容，引导学生正确认识自我，使其了解大学环境和专业学习特点，科学地自我定位与评价，合理规划大学生活。大一年级的生涯规划教育主要以班团会、专业教育、以学业规划为主题的团体辅导等形式开展。

大二年级应注重"生涯探索"，主要围绕认识社会、了解职业及其对应专业等问题，引导学生进行初步的职业探索与体验，使其明确自己的职业兴趣，逐步确定自己的职业方向。大二年级的生涯规划教育主要以必修通识课程"大学生职业生涯规划"和以职场探索为主题的团体辅导形式开展。

大三年级应注重"生涯选择"，培养学生解决问题、人际沟通、团队合作、创新思维等基本职业素养，引导学生为实现自己的职业理想储备知识，锻炼能力。大三年级的生涯规划教育主要以能力提升为主题的团体辅导和工作坊形式开展。

大四年级应注重"生涯行动"，引导学生制作自荐材料，积极参加面试，合理调整期待，顺利转换角色。大四年级的生涯规划教育主要以就业指导课程和以求职技巧为主题的工作坊形式开展。

（二）构建全方位的生涯规划团体辅导教育

团体辅导是以团体为对象，运用适当的辅导策略与方法，通过团体成员间的互动，促使个体在交往中通过观察、学习、体验，认识自我、探讨自我、接纳自我，调整和改善与他人的关系，学习新的态度与行为方式，激发个体潜能，增强适应能力的助人过程。团体辅导是生涯规划课程的有益补充、深化和延续。因此，要形成多主题、针对不同群体、针对不同年级的生涯团体辅导体系。

团体辅导的对象主要是以下几类群体：学生党员、学生干部、学业规划大赛和生涯规划大赛进入决赛的学生、社团组织、就业困难学生，以及有某类相同的生涯困惑和生活问题的学生。

大一生涯规划团体辅导主题为生涯角色转变，内容包括环境适应、专业认知、自我探索。大二生涯规划团体辅导主题为明确生涯任务，内容包括平衡学习与生活、培养兴趣和能力、探索工作世界、规划职业目标。大三生涯规划团体辅导主题为生涯准备，内容包括提升沟通能力、学习能力、时间管理能力、团队合作能力、创新能力等软技能。大四生涯规划团体辅导主题为生涯适应，内容包括求职决策、制作简历、应对面试、角色转变、职业素养。

（三）完善个体咨询的服务机制

个体咨询是咨询师运用专业的咨询技巧，与来访者建立关系，并在良好的沟通和合作下，帮助来访者澄清生涯问题，使其了解自我特质及外在世界，运用有效资源、制订行动计划以及实践生涯目标。要形成日常的咨询工作机制，包括咨询室的日常管理、咨询的流程管理、咨询室工作人员的管理等。

咨询室的日常管理包括咨询室正常使用、咨询室内办公用品的齐备、咨询室内各种资料的收集与保管。咨询的流程管理包括咨询前的需求分析、服务介绍、预约登记、信息收纳、档案建立；咨询中的建立关系、澄清问题、分析问题、解决问题、结束会谈；咨询后的咨询报告、结果反馈、统计分析、档案管理。咨询室工作人员的管理包括前台的招募和培养，咨询师的筛选、考核、督导、培训，督导的工作职责。

（四）开展丰富多样的比赛和活动

学校应大力宣传职业生涯规划大赛，让更多的大学生在比赛中展示才华，把职业生涯规划大赛打造成学生活动的品牌。举办生涯规划讲座和论坛，邀请校内外资深生涯规划师、杰出校友、人力资源专家开展报告讲座、人物访谈等活动。指导学生创办"职业生涯发展"协会等有利于自我成长与锻炼的社团组织，辅助教师开展活动。

每年举办一届职业生涯规划大赛，由校招生就业处统筹安排，各学院要积极宣传和参与，大赛的成绩将作为考核就业工作的指标。由生涯规划师举办生涯规划师沙龙，就学生比较关心的生涯发展问题进行多种形式的分享与交流。在学生当中发起生涯故事会，让在学习或社会实践活动中表现优秀的大学生分享他们自己的生涯故事，以形成榜样，带动更多的人。组织生涯读书会，以读书分享为主要形式，内容包括生涯规划、自我成长、能力提升、心理健康等，培养大学生读书的习惯，促进良好的学风建设。充分利用校友资源，邀请校友回到母校分享自己的人生经历和职场感悟，举办校友论坛。在全校范围内招募一定数量的学生成立职业生涯发展协会，辅助教师开展上述生涯教育活动。

（五）加强教师队伍建设

努力打造一支高素质、专业化的职业生涯规划教育师资队伍，逐步形成从生涯规划课程讲师、生涯咨询师、生涯团体辅导导师到生涯教练的教师队伍分阶段培养机制。重点培养 3～5 名职业生涯规划骨干专业教师，充分发挥名师的带动、示范作用。完善对课程的督导与讲师的选拔，有计划、有步骤地开展多种形式的职业生涯规划教师培训，并建立定期考核、淘汰制度。

生涯规划课程讲师主要由专职人力资源系教师和兼职辅导员教师担任，所有讲师必须通过试讲才能开课，课程讲师必须按照课程教学大纲和内容上课，课程讲师每学期应有公开课任务和听课任务。生涯咨询师主要由课程讲师中有能力、有意愿从事咨询工作的教师担任，所有的咨询师必须严格按照咨询流程，认真撰写咨询报告，定期接受咨询督导。生涯团体辅导导师主要由有团体辅导资质的教师担任，团体辅导导师必须每学期完成一定的团体辅导工作量。生涯教练主要由参加了全球生涯教练培训并获得相应资质的教师担任，教练是教师队伍的核心，除了课程、咨询、团体辅导、督导之外，还要完成一定的科研工作量。

（六）完善教学方法与考核方法

广泛开展启发式、讨论式、参与式教学，扩大小班化教学覆盖面，推动教师把国际前沿学术发展、最新研究成果和实践经验融入课堂教学，注重培养学生的批判性和创造性思维。运用大数据技术，掌握不同学生的学习需求和规律，为学生自主学习提供更加丰富多样的教育资源。

改革考核内容和方式，注重考查学生运用知识分析、解决问题的能力。不同阶段应运用不同的考核方法，可以是学业规划书、人物访谈、职业生涯规划书、简历等方式。

第三章 大学生社会资本对就业的影响研究

第一节 社会资本对求职效率的影响

社会资本的研究广泛应用于西方社会的劳动力市场领域，目前国内学界对社会资本的界定主要为"社会资本说、社会关系等同说、功能说、社会资源文化规范说、能力说"这五类。[①]由于学界对社会资本的概念界定以及就业效果的衡量指标没有统一的标准，因此，对"社会资本对就业的影响"这一问题，不同的研究会得出不同的甚至是相互矛盾的结论。本书从社会资本理论和强弱关系理论出发，基于2020年重庆市高校毕业生的问卷调查，通过实证研究分析社会资本对高校应届毕业生求职就业效率与效果的影响，旨在引导高校毕业生正确看待社会资本，提高其在校时期充分利用社会资本的意识，同时补充社会资本对高校应届毕业生就业影响的实证研究。

---

① 陈良和.社会资本积累与大学生求职择业 [J].中共福建省委党校学报，2006（8）：65-67.

一、社会资本对求职效率的影响的文献研究

社会资本是一个跨经济学和社会学的概念，其起源于西方，现代意义上的社会资本诞生于 1916 年，由海尼凡（Hanifan）提出，后来社会学家皮埃尔·布尔迪厄（Pierre Bourdieu）在其 1980 年发表的《社会资本随笔》中对社会资本的概念进行了详细的解释。该理论引发无数国外学者的研究探讨，并于 20 世纪 90 年代传入中国，自此，中国学者开始使用社会资本理论来研究中国的相关问题，丰富了该领域的理论发展及其本土化应用。

但是对于社会资本的定义，国际上一直没有一个统一的描述。目前国内学界流行的关于社会资本的定义是基于社会资本来源的不同渠道对社会资本的定义总结成的"四大说"，即资源说、能力说、网络说、文化规范说。[①]高校毕业生社会资本就是社会人际关系网络，包含其在毕业寻找工作期间个人可支配的人际网络资源和其在此期间实际使用的社会资本两部分，存在微观、中观、宏观三个层次[②]，是通过强关系获得的有利于其就业的社会资源的总和[③]。以上学者对社会资本定义虽然不同，但都是围绕社会关系网络来界定的。通过归纳总结以及结合本书研究目的，本书将社会资本界定为处于社会关系网络的高校毕业生为提高求职效率和求职效果，在求职过程中运用的先赋性强关系（家庭等）和后天性弱关系（学校等）得到的利于求职的资源的总和，其核心是社会资源，以获取的有利求职信息和影响力为表现方式。

国内对于高校毕业生求职效率的研究文献较少，对于求职效率的定

---

① 徐俊，年晓萍.社会资本与大学生就业关系问题研究 [J].教育发展研究，2009（17）：24–28.

② 陈宏军，李传荣，陈洪安.社会资本与大学毕业生就业绩效关系研究 [J].教育研究，2011，32（10）：21–31.

③ 张甜甜，刘晓亮.强关系影响下的大学生就业问题研究：社会资本理论的视角 [J].法制与社会，2016（7）：196–197.

义以及衡量指标也存在着差异。大部分研究主要是从求职渠道选择对于工作满意度的影响出发。岳昌君将求职效率看作找工作的投入与找到工作的产出花费的时间、资金之间的一个复杂比较，并且着重研究"产出"，将就业状况、就业起薪、就业满意度作为衡量指标。[①] 而对于"投入"，学者将求职的渠道、次数以及费用作为衡量指标，研究发现大多数高校毕业生将学校发布信息和网络作为首要的就业信息渠道，并且利用学校信息渠道就业的高校毕业生就业起薪和满意度更高。求职投入的时间和费用与高的"产出"并无显著性相关关系，但较高的人力资本对高的"产出"有着显著的正向相关性。陈永利、吕媛将求职效率衡量指标进一步细化为求职成功渠道、求职周期、求职花费、获得面试及工作机会、工作满意度、期望的工作地域、单位性质、期望与最终年薪等。研究发现高校毕业生求职花费资金对工作满意度呈现负面影响，而求职花费的时间以及专业是否匹配与工作满意度相关性不明显。[②] 魏倩、庄媛媛、郑妍妍将求职效率看作利用某种求职渠道寻求的工作机会的有效性，研究发现利用非正规求职渠道会降低求职者求职效率、工作满意度和待遇。[③]

二、问卷设计与样本分析

本书所用问卷借鉴了李实的中国家庭收入调查项目问卷，参考了前人的实证研究。问卷分为五部分，第一部分是个人基本信息，第二部分是个人社会资本占有及使用情况，第三部分是个人的人力资本，第四部分是求职效率，第五部分是求职效果。如表 3-1 所示。

① 岳昌君. 高校毕业生求职效率的实证研究 [J]. 高等教育研究，2008，29（6）：83-89.

② 陈永利，吕媛. 毕业生求职效率与就业满意度的影响因素研究：以北京大学为例 [J]. 北京教育·德育，2014（10）：18-21.

③ 魏倩，庄媛媛，郑妍妍. "关系"能帮你找到好工作吗?[J]. 南京财经大学学报，2017（4）：78-86.

表 3-1　应届毕业生社会资本对求职效率与求职效果的影响调查表

分　类	题　项
个人基本信息	您的性别
	您的学历
	您的户口所在地
	您的政治面貌
	您的专业
	您的民族
	您毕业后是否就业
社会资本	您是通过什么途径找到工作的
	通过私人介绍找到工作，您与介绍人的关系
	介绍人的职称是
	您与介绍人的亲密程度
	您的父亲的职称
	您的父亲的政治面貌
	您的父亲的工作单位性质
	您的母亲的职称
	您的母亲的政治面貌
	您的母亲的工作单位性质
人力资本	您的绩点
	您是否有社团、学生组织干部经历
	您是否有获奖经历
	您是否有竞赛经历
	您是否有科研经历
	您是否有实习经历

续 表

分 类	题 项
求职效率	您花费了多长时间找到工作
求职效果	您的毕业起薪
	您对目前找到的工作是否满意

本书以网络问卷的形式进行问卷的发放与收集。一共收集到 1486 份问卷，其中剔除无效问卷 227 份，有效问卷 1259 份，问卷有效率为 84.72%，调查时间为 2020 年 1 月 13 日至 2020 年 2 月 13 日。

被调查群体中，男性和女性的比例基本持平，分别为 48.4% 和 51.6%；其中经济管理和理工类学生比例不相上下，分别为 39.2% 和 35%，人文类专业学生人数比例最低，占 25.8%；研究生在被试群体中所占比例极小，仅为 7.7%，超过 90% 的被调查群体的学历为本科；就户口所在地而言，农村户口的比例为 54.88%，比城镇户口比例高；政治面貌方面，绝大部分被调查群体为非党员，只有 21.13% 的被调查群体为党员；就民族来说，约 86% 的被调查群体为汉族，远高于少数民族所占比例；就毕业去向而言，选择就业的人数过半，达 60.2%，只有 39.8% 的毕业生选择就业以外的方向。在选择工作的人中，通过私人介绍找到工作的仅占 26.78%，可见大部分人选择其他正式渠道找到工作；大部分人花费了 1～3 个月等待工作；被调查群体的毕业起薪大部分在 3 000～5 000 元这一档，仅有 3.2% 的应届毕业生的毕业起薪超过了 7 000 元；就被试群体的工作满意度而言，超过 30% 的人对自己的工作感到满意，仅有 7.1% 的人对目前找到的工作不满意。

三、社会资本对求职效率影响的差异分析

就工作起薪而言，利用私人介绍得到工作的应届毕业生起薪总体比利用正规渠道求职的毕业生低，但是对于高薪群体而言（收入在

7 000元以上），利用私人介绍的比例为5.91%，比利用正规渠道的略高出0.32%。父亲为管理层的应届毕业生毕业起薪在5 000元以上的比例为37.42%，比父亲为非管理层的应届毕业生的比例高出12.25%。就工作满意度而言，父亲为非管理层的应届毕业生对工作感到满意的比例比父亲为管理层的应届毕业生高。

母亲为管理层的应届毕业生对工作感到较满意和满意的人数比例分别为32.51%和37.76%，母亲为非管理层的应届毕业生对工作感到较满意的比例较高，为62.17%，但是对工作感到满意的人数比例只有12.77%，比母亲为管理层的应届毕业生的比例低24.99%。就毕业起薪而言，母亲为管理层的应届毕业生毕业起薪在5 000元的人数比例为44.23%，比母亲为非管理层的应届毕业生的人数比例高20.54%。就工作等待时间而言，母亲为非管理层的应届毕业生在三个月之内找到工作的人数比例为83.85%，比母亲为管理层的应届毕业生在相同时间内找到工作的人数比例高出16.06%。

就毕业起薪而言，与介绍人的关系、父母的职务、父亲政治面貌对应届毕业生的毕业起薪有显著影响。就工作满意度来说，通过私人介绍找到工作对工作满意度有着显著正向影响，毕业生的工作满意度更高。对工作等待时间有显著影响的因素包括父母政治面貌，母亲工作单位。就毕业起薪的影响因素来说，介绍人为非亲戚对应届毕业生毕业起薪有显著的正向影响。父母的职位对应届毕业生起薪也有着显著的正向影响，父母的职位越高，应届毕业生的毕业起薪越高。

综上所述，本书证明了父母的职务对应届毕业生起薪有正向影响。这是因为父母的职位越高往往意味着其家庭拥有较丰富的社会人脉资源和信息网络，在子女就业时越能够为其提供待遇更为优越的岗位信息和就业渠道。相应地，父母为基层工作人员甚至是无业的，应届毕业生在就业时没有这样的条件，这使这部分应届毕业生相对而言毕业起薪处于劣势。此外，本书还发现介绍人为非亲戚对应届毕业生毕业后起薪有显著的正向影响。根据强弱关系理论，弱关系在现实劳动就业领域发挥着重要作用。就工作满意度而言，本书发现应届生的工作满意度受求职渠道影响，通过私人介绍找到工作的应届毕业生比通过正规求职渠道找到工作的应届毕业生有更高的工作满意度。

本书通过描述统计分析和回归分析证实了社会资本对高校应届毕业生的求职效率与求职效果的影响，结果表明社会资本对高校毕业生的求职效率有显著的促进作用，对高校毕业生的工作起薪也有显著的正向影响，但是对其工作满意度并无显著影响。

本书对大学生职业规划的意义包括以下几方面。首先，可以使大学生正确看待社会资本的作用。不可否认的是，社会资本作为一种资源对就业有促进作用，尤其是家庭型社会资本。因此，大学生要正确看待社会资本在就业中所起的作用。对此，学校应该在开设的就业指导课程中为应届毕业生讲解社会资本作为一种重要的资源对应届毕业生就业求职的正向影响。例如，社会资本在劳动就业领域的应用历史悠久，利用社会资本是一种提高竞争力的正当手段，不应该受到非议。其次，可以促进大学生主动积累社会资本。社会资本分为先赋性社会资本和后致性社会资本，对于在校大学生来说，其应该在大学期间树立起积累后致性社会资本的意识，如通过参加社团、学生会、实习、校友会等活动扩大人脉圈。学校也应该在校友会、竞赛等项目上投入更多资源，在为学校积累更雄厚的社会人脉资源的同时，帮助学生扩大人脉圈。这有利于弥补家庭资本处于不利地位的学生的不足，帮助其提高就业竞争力。最后，可以促使学生树立在就业中利用社会资本拓宽信息渠道的意识。在就业过程中，应届毕业生要学会运用社会资本来提高求职效率与求职效果，同时要注重利用多种求职渠道来提高求职效率。在互联网高度发达的今天，网上求职平台提供的线上求职面试节省了成本，提高了求职效率。还有社会、校园实习中积累的资源同样可以帮助毕业生提高求职效率和效果，如导师推荐信、同事推荐和同学推荐等都能帮助毕业生求职。

第二节 家庭社会经济地位对大学生就业倾向的影响

在知识型和创新型时代，企业和社会对大学生能力提出更高更新的要求，大学生就业问题突出。大学生自身也有来自外部和内在的因素影响自己的就业倾向，其中家庭社会经济地位的作用较为突出。家庭社会经济地位对大学生就业倾向的影响研究也成为学术界密切关注的课题。大学生的就业倾向直接作用并体现在其就业选择上。而家庭因素对大学生就业倾向会产生深刻作用，进而可能引导其最终的就业选择。家庭背景可以直接影响大学生的就业预期。①

家庭社会经济地位对大学生就业倾向的影响研究也成为学术界密切关注的课题。本书在国内外主流期刊中搜集了 78 篇国外相关文献和 137 篇国内相关文献，并以此为基础，概括阐述了家庭社会经济地位的具体概念、理论和相关测量，大学生就业倾向的概念、特征变化以及家庭社会经济地位对大学生就业倾向影响的机制等内容，通过梳理归纳已有的文献对家庭社会经济地位和就业倾向的内涵做进一步解释，并基于前人研究来深入把握家庭背景因素对大学生就业倾向的影响情况。

本书通过问卷调查收集数据，借助数据分析软件获得大学生家庭社会经济地位和就业倾向的真实情况，运用统计分析手段探究不同家庭社会经济地位对大学生就业倾向的影响，最后结合访谈内容深入了解大学生就业倾向的差异和自我定位情况，进而提出调整大学生就业倾向的合理建议。

---

① 张凤娜，史宁，张永丹，等．大学生就业期望影响路径分析：基于基本职业素养的中介效应 [J]．金融理论与教学，2022（1）：107–114.

一、家庭社会经济地位与就业倾向

家庭社会经济地位从不同视角出发有不同具体概念，也有多种不同理论。虽然学者的想法各有侧重，但多数体现的是家庭社会经济地位与收入、教育和职业三者的联系。

从家庭资本理论看，家庭社会经济地位概念主要是从社会资本角度转化而来的，用来衡量个体的家庭背景和社会资本，主要包括父母的受教育水平、父母的职业和家庭收入。[①] 也有研究者认为社会经济地位可以权衡单独个体的社会阶层水平，主要可以从以下三个方面权衡：人力资本（如父母的文化水平和工作岗位）、经济资本（如家庭的收入能力）和社会资本（如父母的职业类型、政治身份类型、是否离异等）。[②] 家庭社会经济地位的概念较有争议、内涵广泛，且其含义存在彼此相关关系，如父母的受教育程度（人力资本）与家庭收入（经济资本）存在联系。[③] 这些学者主要是将家庭社会经济地位与各类资本挂钩，从资本理论角度提出家庭社会经济地位的具体深层含义，为后续的衡量研究打下基础。

由于家庭社会经济地位内涵角度多、内在联系较深，其概念仍然值得深思和研究。家庭经济地位通过对家庭成员受教育程度以及职业类型的测量，不仅概括出个体的家庭经济水平，还反映出家庭成员的人际交往特征与文化底蕴。[④] 而家庭投资理论认为社会经济地位较高的家庭拥有更丰富的经济资本、人力资本和文化资本，他们会将更多的资源用于子

① 郑洁 . 家庭社会经济地位与大学生就业：一个社会资本的视角 [J]. 北京师范大学学报（社会科学版），2004（3）：111-118.

② 王心 . 家庭社会经济地位、学业自我效能感对子代学业成绩的影响研究 [D]. 湘潭：湘潭大学，2020：11.

③ 方光宝，侯艺 . 家庭社会经济地位如何影响初中生认知能力的发展 [J]. 全球教育展望，2019（9）：68-76.

④ 赵冉冉 . 家庭经济地位与职业可能自我对大学生职业决断力的影响：性别的调节作用 [D]. 开封：河南大学，2020：5.

女发展和生活质量水平的提高。[①]这也是基于家庭社会经济地位的一种投资理念。根据前人观点，本书将家庭社会经济地位界定为一个家庭所处的经济地位或社会等级，表现为这个家庭的收入、家庭劳动力的教育程度和劳动力的职业。

关于家庭社会经济地位的测量，不同学者对其有不同的分类。王淑燕、江伟指出家庭社会经济地位包括客观家庭社会经济地位和主观家庭社会经济地位两方面，客观家庭社会经济地位是反映家庭社会地位的客观指标，一般通过父母的职业、教育程度以及家庭的经济收入来测量；主观家庭社会经济地位是指个体对自身家庭经济地位的主观感知，主要通过自评的方式来测量。[②]刘广增等学者将社会经济地位看作客观社会位置，以客观的家庭经济收入、父母受教育程度和父母职业阶层作为主要测量指标。[③]现有研究主要是对客观层面的家庭社会经济地位进行分类衡量，基于研究者较为成熟的测量方法，本书从父母的月收入、父母受教育程度和父母职业类型三个客观指标对家庭社会经济地位进行测量研究。

Lent，Brown 和 Hackett 指出家庭社会经济地位对个人职业选择的影响作用，父母的受教育程度高、经济收入高，能为子女提供更多物质、教育资源和校外实践机会，能缓解职业选择困难的问题。[④]这些已有研究都是针对就业中职业选择这一方面，一定程度上可以为大学就业选择研究提供参考。通过详细调研结果可以发现，家庭社会经济地位低的大学

---

① 程刚，刘家琼，林楠，等 . 中学生家庭社会经济地位与心理健康的关系：心理素质的中介作用 [J]. 西南大学学报（社会科学版），2019，45（1）：105-112.

② 王淑燕，江伟 . 疫情背景下家庭社会经济地位与大学生择业焦虑的关系 [J]. 西南师范大学学报（自然科学版），2022，47（10）：96-102.

③ 刘广增，张大均，朱政光，等 . 家庭社会经济地位对青少年问题行为的影响：父母情感温暖和公正世界信念的链式中介作用 [J]. 心理发展与教育，2020，36（2）：240-248.

④ LENT R W, BROWN S D, HACKETT G. Toward a unifying social cognitive theory of career and academic interest, choice, and performance[J]. Journal of Vocational Behavior, 1994, 45（1）：79-122.

生期望更高的工资，家庭社会经济地位高的大学生反而倾向于升学，父母文化程度高的大学生更倾向于高工资，父母职业为小企业主和个体工商户时，大学生创业意愿较高。[①] 大部分学者的研究结果表明，家庭社会地位越高的大学生，在职业选择上的自我效能感和适配度更高，不同的家庭社会经济地位影响他们形成不同的就业期望。

二、研究设计与样本分析

本书的数据是通过收集重庆理工大学四百多位大学生相关问卷获得的，在参考相关文献研究的基础上进行问卷设计，主要是为了清晰地反映出家庭社会经济地位的具体情况和大学生就业倾向的真实状况。设置好问卷之后进行问卷发放和收集，最后对获取的数据进行统计分析，针对大学生的家庭社会经济地位和就业倾向情况做描述性统计分析，对于不同家庭社会经济地位的大学生就业倾向差异的分析则在控制性别、专业、年级和家庭所在地区等变量情况下采用多元线性回归和多元 Logistic 回归分析。访谈法是后期对本书的补充，通过 10 位大学生关于就业期望薪资、未来发展地区、职业选择及自身就业选择相关原因等问题的回答进一步详细了解真实情况，以此作为问卷调查分析的拓展补充。此外，为保护访谈对象的个人隐私，将男性访谈对象编码为 M1 ～ M5，女性访谈对象编码为 F6 ～ F10。

本书的研究目的是找出不同学生家庭社会经济地位和大学生就业倾向的差异现状，以及家庭社会经济地位对大学生就业倾向的影响情况，基于这两个基本问题，提出家庭社会经济地位对大学生就业倾向有显著影响的假设。具体假设如下。

假设 1：家庭社会经济地位对大学生期望月薪有显著影响。

① 陈杰.家庭社会经济地位对大学生就业期望的影响研究 [D].贵阳：贵州师范大学，2022：65.

假设 2：家庭社会经济地位对大学生毕业理想去向有显著影响。

假设 3：家庭社会经济地位对大学生理想工作地区有显著影响。

本书将从大学生父母的文化程度、职业类型和月收入三个变量以及大学生就业倾向这一变量中选取的大学生期望月薪、毕业理想去向和理想工作地区进行多元线性回归分析和多元逻辑回归分析。首先对父母文化程度这一变量赋值，将小学及以下赋值为 1；初中赋值为 2；高中或中专赋值为 3；大专赋值为 4；本科赋值为 5；硕士研究生及以上赋值为 6。其次对父母职业类型进行编号并赋值，把经理人员编号为 A，赋值为 1；小企业主编号为 B，赋值为 2；个体工商户编号为 C，赋值为 3；专业技术人员（如教师、科研人员、工程技术人员等）编号为 D，赋值为 4；办事人员（如行政办公人员、安保消防人员及邮政电信业务人员等）编号为 E，赋值为 5；商业、服务业员工（如餐饮服务人员、超市营业员等）编号为 F，赋值为 6；生产、运输设备操作及有关人员（如纺织工人、机械设置加工人员等）编号为 G，赋值为 7；农、林、牧、渔业生产人员编号为 H，赋值为 8；军人编号为 I，赋值为 9；城乡无业失业人员编号为 J，赋值为 10。最后对父母月收入进行赋值，2 000 元以下赋值为 1；2 000 ～ 4 000 元赋值为 2；4 000 ～ 6 000 元赋值为 3；6 000 ～ 10 000 元赋值为 4；10 000 ～ 14 000 元赋值为 5；14 000 ～ 20 000 元赋值为 6；20 000 ～ 30 000 元赋值为 7；30 000 元以上赋值为 8。

本书将大学生就业倾向作为被解释变量，大学生就业倾向是多元化的，但本书主要研究的倾向包括大学生期望月薪、大学生毕业理想去向和大学生期望工作地区。关于大学生期望月薪，将 2 000 元以下赋值为 1；2 000 ～ 3 000 元赋值为 2；3 000 ～ 5 000 元赋值为 3；5 000 ～ 7 000 元赋值为 4；7 000 ～ 10 000 元赋值为 5；10 000 元以上赋值为 6。大学生工作理想去向的赋值情况是，工作的赋值为 1；创业的赋值为 2；升学的赋值为 3；出国出境的赋值为 4；其他赋值为 5。针对大学生期望工作地区大致分为三个类别，将所有大城市赋值为 1；所有中小城市赋值为 2；所有农村赋值为 3。

控制的变量主要是有关个体特征和个人背景的内容，如性别、专业、年级、家庭所在地和家庭情况（双亲、单亲家庭）等。

本书的样本来源于重庆理工大学的大学生，在剔除个别缺失和无关样本之后，共获得 441 份有效数据，样本量较多且合理。样本中，男生占比 43.5%，女生占比 56.5%；理工类占比 33.3%，人文社科类占比 13.6%，经济管理类占比 44.2%，其他占比 8.9%；大一占比 2%，大二占比 10.9%，大三占比 28.6%，大四占比 58.5%；城市占比 51%，农村占比 49%；双亲家庭占比 95.2%，单亲家庭占比 4.8%；家有 1 个兄弟姐妹的占比 30.6%，家有 2 个兄弟姐妹的占比 63.9%，家有 3 个兄弟姐妹的占比 4.8%，家有 4 个兄弟姐妹的占比 0.7%（表 3-2）。

表 3-2 样本的构成

变 量	结 构	频 率	所占百分比
性别	男	192	43.5%
	女	249	56.5%
专业	理工类	147	33.3%
	人文社科类	60	13.6%
	经济管理类	195	44.2%
	其他	39	8.9%
年级	大一	9	2.0%
	大二	48	10.9%
	大三	126	28.6%
	大四	258	58.5%
家庭所在地	城市	225	51.0%
	农村	216	49.0%

续　表

变　量	结　构	频　率	所占百分比
家庭情况	双亲	420	95.2%
	单亲	21	4.8%
兄弟姐妹数	1个	135	30.6%
	2个	282	63.9%
	3个	21	4.8%
	4个	3	0.7%

本书重点是从大学生工作的期望月薪、毕业后理想去向和理想工作地区选择三方面来了解大学生的就业倾向。本书将期望月薪划分为6个区间，把毕业后理想去向划分成工作、自主创业、升学、出国出境和其他，理想工作地区大致划分为大城市、中小城市、农村和其他。

大学生工作期望月薪的调查数据显示，大学生对自己工作期望月薪的选择是处于合理范围内的，主要集中于3 000～5 000元和5 000元～7 000元这两个区间，占比分别为29.2%和55.8%，两者共占85.0%；工作期望月薪为7 000～10 000元和10 000元以上的较少，分别占比7.5%和6.1%；本次问卷调查数据中没有学生选择工作期望月薪在2 000元以下的，总体情况呈"橄榄型"，即期望低工资和追求高工资的人数较少，大部分集中在中间段，薪酬区间分布比较合理，符合劳动力市场状况。具体数据见表3-3。

表3-3　大学生工作的期望月薪

期望月薪	频　率	百分比	有效百分比	累计百分比
2 000元以下	0	0%	0%	0%
2 000～3 000元	6	1.4%	1.4%	1.4%
3 000～5 000元	129	29.2%	29.2%	30.6%

续　表

期望月薪	频　率	百分比	有效百分比	累计百分比
5 000～7 000 元	246	55.8％	55.8％	86.4％
7 000～10 000 元	33	7.5％	7.5％	93.9％
10 000 元以上	27	6.1％	6.1％	100.0％

大学生毕业后理想去向的数据显示，大学生毕业后的理想去向主要是工作，占比为 74.2％；选择升学的学生占比 12.9％，高于 10％；选择自主创业或是其他的学生占比都是 6.1％，低于 10％而高于 5％；选择出国出境的占比最少，仅为 0.7％（表 3-4）。可见，大学生毕业后更倾向于工作和升学，自主创业和其他的意愿都相对较低，且出国出境的意愿最低。

表 3-4　大学生毕业后理想去向

理想去向	频　率	百分比	有效百分比	累计百分比
工作	327	74.2％	74.2％	74.2％
自主创业	27	6.1％	6.1％	80.3％
升学	57	12.9％	12.9％	93.2％
出国出境	3	0.7％	0.7％	93.9％
其他	27	6.1％	6.1％	100％

调查大学生理想工作地区发现，超过半数的大学生毕业后想去大城市发展，有 30％的大学生想去中小城市发展，只有 6.1％的大学生想去农村，剩下 8.8％的大学生想去其他地区（表 3-5）。这一结果也与我国的经济发展方向大致相同，即大学生更倾向于选择经济发展更好的地域区间。

表 3-5　大学生理想工作地区

工作地区	频　率	百分比	有效百分比	累计百分比
大城市	243	55.1%	55.1%	55.1%
中小城市	132	30%	30%	85.1%
农村	27	6.1%	6.1%	91.2%
其他地区	39	8.8%	8.8%	100%

三、家庭社会经济地位对就业倾向的影响分析

（一）家庭社会经济地位对大学生期望月薪的影响

该部分线性回归分析结果说明的是父母月收入对大学生工作期望月薪的影响关系，父母月收入的回归系数是 0.175（$t=7.009$，$p < 0.001$），这表明父母月总收入与大学生工作期望月薪呈显著正相关关系，即父母的月收入越高，大学生工作期望月薪越高。家庭社会经济地位中父亲的文化程度对大学生的工作期望月薪没有显著影响，而母亲的文化程度的回归系数是 0.111（$t=2.043$，$p < 0.05$），这说明母亲的文化程度对大学生工作期望月薪有显著正向影响，即母亲的文化程度越高，大学生的期望月薪越高。父母的职业类型属于无序分类变量，故将其作哑变量处理，父母的职业是城乡失业无业人员为参照变量，基于此将对父母的职业类型做回归分析。回归结果表明父亲是其他各类职业的大学生的期望月薪都低于父亲是城乡失业无业人员的大学生的期望月薪。

总的来说，大学生对期望月薪的倾向影响情况是，父母月收入越高，大学生期望月薪越高，这可能是因为父母收入高在一定程度上代表家庭经济实力强，为了保持这种经济优势，这些大学生期望月薪相对父母月收入低的大学生期望月薪更高。访谈结果还显示女生的期望月薪比男生的期望月薪要低，男生期望获得更高的工资，且女生对工作岗位的要求

相对较低，多数女生更偏向于稳定性强的工作，如行政管理和工商管理类。大学生期望月薪的高低与父亲的文化程度的高低没有显著影响关系，但与母亲的文化程度的高低有关，且母亲文化程度越高，大学生期望月薪越高，这可能与母亲在学生家庭成长中的参与度和影响度普遍较高有关。

（二）家庭社会经济地位对大学生理想去向的影响

父母的收入情况对大学生自主创业与工作对比、升学与工作对比有显著影响。父母的收入越高，大学生在自主创业与工作对比时更倾向于自主创业；而父母的收入越低，大学生在升学与工作对比时更倾向于工作。对于出国出境和其他选择与工作的对比则没有显著影响。

从母亲的职业类型角度看，母亲是专业技术人员的大学生在对比升学和工作时更倾向于选择升学；母亲职业是办事人员的大学生在对比自主创业和工作时更倾向于工作；母亲职业是商业、服务业员工的大学生相比工作更愿意升学；母亲职业是农、林、牧、渔业生产人员的大学生相比工作更倾向于自主创业和其他；而母亲是城乡无业失业人员的大学生相比选择工作反而更倾向于升学。

总的来说，大学生毕业理想去向主要是工作、自主创业、升学、出国出境和其他。父母月收入越高，相较于直接工作，他们更倾向于自主创业。访问中有位家庭经济条件相对好的男生（M5）想自主创业，认为打工赚不到什么钱，且表示他们的父母会提供创业基金和其他资源帮助。这可能是因为家庭收入比较高的学生有较好的经济资本和更多的机会去尝试，也不依赖于为后续找到更好工作而升学的想法。另外，还有几名学生的家庭经济情况相对较差，所以他们希望尽早找到工作，以减轻家庭负担。父亲的文化程度高的大学生普遍倾向于自主创业和升学，母亲的文化程度高的大学生则更倾向于工作。父亲的职业类别对大学生的毕业理想去向没有显著影响作用，母亲的职业类别在一定程度上对大学生毕业理想去向有显著影响。访问中有女生（F9）表示不想就业直接找工作，而想继续升学读书，她认为当前就业大环境还不太好，特别是职场社会对女性的限制仍然存在，所以想继续提升学历进而获得更多优质选择。男生考虑继续深造考研的比例没有女生高，他们表示想早点儿进入社会工作。还有几名大学生受到父母就业观的影响，执着于参加公务员考试和事业单位考试，力求得到一个较稳定的岗位。还有位学生（M2）自述其父母的交际圈比较大，能够为他找工作提供更多资源并牵线搭桥，提供较大的便利。这些大学生的就业选择总体上确实受到来自家庭方面的较大影响，无论是从经济资本来说，还是从社会资本来说，都在一定程度上对大学生的倾向选择产生了作用。特别是在自主创业上，访问中只有一名女生（F7）有自主创业的意愿，而被调查的男生中半数有创业意愿。对此，男生表示自己的经济压力大，要多去打拼，赚更多钱，这样才能支撑后续的发展和生活；女生则相对保守，她们认为有稳定经济收入来源就很不错，不想承担创业风险，因为女生在社会上的试错成本更大。

（三）家庭社会经济地位对大学生理想工作地区的影响

大学生理想工作地区主要是从大城市、中小城市、农村和其他地区中选择。父母月收入越高的大学生越倾向去中小城市，这可能是因为家庭收入较好的学生负担不重，成长环境也相对稳定，更愿意在中小城市发展。父亲的文化程度高的大学生相比去大城市更倾向去中小城市，而母亲的文化程度高的大学生更倾向去大城市。父母职业类型在一定程度上对大学生理想工作地区有显著影响作用，如父亲是经理人员、专业技术人员的大学生更愿意去大城市，母亲是个体工商户、商业或服务业员工、城乡失业无业人员的大学生也更愿意去大城市。访谈结果中，男女性别差异在毕业理想工作地区上存在差异，女生想去大城市和中小城市的意愿比较高，有女生（F6）给出的原因是大城市的包容性更大、对女性的接受度更高，所以可能会有比较多的求职机会；被访问的男生近半数对去哪里发展持无所谓的态度，这部分男生认为有能力、有学历、有资本的人去哪里都可以有较好的发展成就，去大城市虽然可以有更多的工作发展机会，但经济压力也更大。

综上所述，父母的收入越高，大学生的期望月薪相对越高，且期望月薪深受父母文化程度和职业类型的影响；家庭经济情况好的学生就业选择更多且自主择业能力更强，父母的职业观和教育会影响一部分学生的就业倾向。接受访谈的大学生在期望月薪、毕业理想去向和理想工作地区上存在明显的性别差异，男生期望月薪更高，女生愿意考研深造的比例更高，女生更期望去大城市。之所以会产生这些差异，不仅是因为男女个人心理特征有所不同，还受到经济状况的约束、家庭父母观念教育和社会大环境的影响。总而言之，家庭社会经济地位或深或浅地影响着大学生的就业倾向，不同性别的大学生群体也在就业倾向上呈现差异。

第三节　社会性参与对就业起薪的影响

根据社会网络理论，社会性参与可能会使学生社会资本扩大，这主要体现在能帮助学生扩大交际圈。在各种社会性参与活动中，学生会遇到不同性格、来自不同地区、不同民族、不同专业的人，在这一社会性参与中，学生与其他人相识、相知，建立友谊与联系，最后为自己建立一个社会关系网。如果是在实习活动中，经过一段时间的实习，幸运地得到了领导以及老板的赏识，这一关系很可能直接影响学生的就业起薪。而这也是社会资本的信号作用。在校参加过实习活动的大学生比没有参加过实习的大学生拥有更多的技能、社交网等。而根据筛选理论，并不是每个社会性参与都能对就业起薪产生影响，用人单位在选择毕业生作为公司员工之前，会根据每种不同的社会性参与活动所培养的能力来进行选择，如果参与的活动并没有提高其技能，用人单位对该学生不会有更高的期望，也不会提高其薪资待遇。反之，如果在参加的活动中能显著看到学生的成长，如各方面技能得到提高，用人单位也会重视该学生，并会提高其就业起薪。事实上，如果用人单位相信拥有社会性参与的学生有更强的社交能力以及技能水平，这些因素很可能使其提高毕业生的就业起薪，换句话说就是，社会性参与是通过技能水平来影响学生的就业起薪的。

除了社会网络理论之外，学者还从实证研究上面进行了具体探讨。与学术性参与不同的是，社会性参与是指除学习能力提升以外的活动参与。① 而葛艾红将其界定为除课堂以外的，大学生的知识和能力得到开发和锻炼的一系列参与性活动。② 在维度划分上，多数学者将其划分为社团、学工、实习以及创业参与活动，也有少数学者主张社会参与三维观，将其划分为政治、经济、文化参与活动。③ 在社会性参与对就业起薪的具体研究上，主要分为社团参与、实习参与和创业参与这几方面。在研究社团参与对就业起薪的影响中，胡三嫚、刘明前通过调查某高校社团成员，将主动性人格作为调节变量，发现其参与质量对就业力、可雇用性技能有正向预测作用，深度的社团参与有着更高的育人价值。④ 有的学者认为社团活动能显著提高就业起薪，即提高 1 个标准单位的社团活动，就业起薪会增加 2.1%。⑤ 在实习参与中，刘京鲁、岳昌君、杨海燕通过

---

① 蒋承，金文旺，张翼.高校学生社会性参与对就业起薪的影响：基于问卷调查的实证研究 [J].教育与经济，2018，34（3）：82-88.

② 葛艾红.高校学生社会性参与对就业能力的影响 [J].经济师，2020（10）：171-172.

③ 李夏妍，蔡梁芬，许国动.大学生社会参与和领导力关系实证研究 [J].教育与教学研究，2019，33（3）：64-77.

④ 胡三嫚，刘明前.主动性人格视角下大学生社团参与可雇佣性技能的关系 [J].当代青年研究，2016（4）：87-92.

⑤ 吴红斌，郭建如.地方本科院校转型对毕业生就业影响的实证分析：基于全国地方本科院校人才培养与就业调查数据 [J].教育与经济，2018，34（2）：43-53.

调查硕士研究生，发现有实习经历的更容易找到工作，这不仅是获得工作机会的决定性因素，还是决定初始薪酬、影响加薪和晋升的一个关键因素。[①] 丁小浩、宋哲认为实习为学生提供了试错机会和职业体验，在对实习投入的研究中发现实习时长与就业满意度的关系是"倒 U 型"，即先增后减的非单调关系。[②] 袁瑨通过实证分析，发现实习经历对就业起薪有积极影响，具体包括实习次数、校企双方的实习指导。另外，一个好的实习也能促进积极的工资效应，与之相反的是，实习越低质，对其未来的劳动力市场结果越消极。[③] 在对实习经历的研究中，葛玉好、邓佳盟、张帅通过虚拟配对简历的实验方法发现实习经历对性别歧视有调节作用。[④] 与之相同的是，杜江、张东明通过调查北京高校毕业生，发现实习经历会显著提高他们的起薪水平，实习时长对就业起薪有正向影响，即实习时间越长，起薪越高，也进一步影响着工作满意度。对于创业参与方面，随着非正规就业占比持续上升，大学生创业比例增高，在这样的背景下，张桂蓉、杭南发现创新创业项目与就业能力有正相关关系，即能促进大学生就业能力的提升，提高其分析、领导、应变和表达等能力。[⑤] 同时，蒋承、金文旺、张翼在研究社会性参与对就业起薪的影响中，第一次将创业参与划分到社会性参与中，发现创业参与对就业起薪有积

① 刘京鲁，岳昌君，杨海燕.我国硕士研究生就业结果及起薪的影响因素研究：基于 2019 年全国高校抽样调查数据的实证分析 [J].教育学术月刊，2020（11）：64–72.

② 丁小浩，宋哲.大学生实习失度与就业满意度分析 [J].教育发展研究，2017,37(5)：1–9.

③ 袁瑨.人力资本对高校毕业生就业的影响：基于问卷数据的实证分析 [J].时代农机，2016,43（1）：123–126.

④ 葛玉好，邓佳盟，张帅.大学生就业存在性别歧视吗：基于虚拟配对简历的方法 [J].经济学（季刊），2018,17（4）：1289–1304.

⑤ 张桂蓉，杭南.实践教学对行政管理专业大学生就业能力的影响研究：以湖南省四所高校的问卷调查为例 [J].国家教育行政学院学报，2016（8）：56–63.

极影响，以此更加细化了不同类型的社会性参与对就业起薪的影响。①

总体来看，学者对社会性参与对就业起薪影响的实证研究主要集中在社会性参与的不同方式对就业方面的影响，进而探讨对就业起薪的影响。他们发现社会性参与能显著提高就业力和就业起薪，但大多是从不同类型的社会性参与研究其对就业起薪的影响，只有少部分学者从整体上研究了社会性参与对起薪的影响，因此对于该研究还需要进行进一步的丰富与完善。此外，以往的研究主要是社会性参与对就业起薪的影响，而社会性参与是通过何种方式对就业起薪产生影响的问题，目前还没有研究给予证实与说明。基于此，本书拟用 2021 年重庆市高校毕业生就业数据对社会性参与对就业起薪的影响以及通过何种方式影响进行进一步探讨。

与以往研究不同的是，首先，本书通过运用回归法证明社会性参与中的社团、实习、创业参与对就业起薪有影响，并为其提供合理的解释；其次，本书说明社会性参与为什么会影响其就业起薪，以及它是通过何种方式影响就业起薪的，这对于大学生更好地知晓社会性参与的重要性是非常重要的；最后，本书采用的数据真实、可靠，且拥有丰富的有关高校毕业生各种社会性参与活动、就业起薪等变量，数据结果更加稳健。

本书采用问卷调查法，将重庆市高校大学生作为研究对象，通过问卷星平台发放问卷，共回收 476 份问卷，为符合本书研究对象，在样本中抽取了已就业的毕业生问卷 342 份，为了使数据更加真实可信，保留了月工资收入在 1 000～20 000 元的有效数据。最终数据为 320 份，有效率为 94%。根据性别划分，男性占比为 47.5%，女性占比为 52.5%。依据学历划分，专科占比为 31.3%，本科占比为 56.9%，研究生占比为 11.3%，博士为 0.5%。

本书研究的核心问题是社会性参与是否影响就业起薪。根据人力资

① 蒋承，金文旺，张翼 . 高校学生社会性参与对就业起薪的影响：基于问卷调查的实证研究 [J]. 教育与经济，2018，34（3）：82-88.

本理论和信号理论，如果其社会性参与行为能显著影响就业起薪，就意味着高校应鼓励更多的大学生参与活动，以增加自身的价值，从而得到更高的收入。如果其对就业起薪的效应不明显，则表明社会性参与行为作用并不大，选择参与时应该谨慎，不能盲从。另外，社会性参与可能在一定程度上能提高大学生的技能水平，而技能水平会直接影响大学生的就业起薪。本书采用了多元线性回归方法，分析了社会性参与的行为（即社团活动参与、创新创业参与、勤工俭学参与以及实习活动参与）以及技能水平对就业起薪的影响，在加入性别、学历以及学校类型这三个控制变量后，本书想知道，社会性参与的行为对就业起薪的影响如何，以及哪些社会性参与行为能影响就业起薪。

一、大学生社会性参与的特征概况

表 3-6 按照性别、学历、学校类型分别展示了调查样本数据中社团活动参与、创新创业参与、勤工俭学参与以及实习活动参与的分布情况。可以看出主要是普通本科的学生更加注重社会性参与中的各个活动行为，男性在参与创新创业活动上相较于女性更多。

表 3-6　社会性参与状况

变　量	分　类	社团活动	创新创业	勤工俭学	实习活动
性别	男	48.7%	50.4%	50.0%	48.9%
	女	51.3%	49.6%	50.0%	51.1%
学历	专科	32.2%	34.5%	41.6%	36.3%
	本科	56.1%	56.8%	46.1%	52.3%
	研究生	11.1%	7.2%	11.0%	10.6%
	博士	0.6%	1.5%	1.3%	0.8%

续　表

变　量	分　类	社团活动	创新创业	勤工俭学	实习活动
学校类型	普通本科	66.7%	62.6%	54.5%	62.0%
	985 或 211	5.1%	6.5%	6.5%	3.8%
	专科或高职	28.2%	30.9%	39.0%	34.2%

　　社会性参与对高校学生的就业起薪的影响是本书关注的重点。表3-7 将收集到的样本的起薪情况进行了分类统计展示。结果显示，参与了社团活动的学生的起薪要比没有参与社团活动的学生的起薪高 481 元，参与了勤工俭学活动的学生的起薪要比没有参与勤工俭学活动的学生的起薪高 63 元，参与了实习活动的学生的起薪要比没有参与实习活动的学生的起薪高 53 元。但是，经过显著性检验后发现，社团活动参与、勤工俭学参与、实习活动参与对就业起薪没有显著影响，只有创新创业参与对就业起薪有显著影响，即参加了创新创业活动的学生的起薪要比没有参加创新创业活动的学生的起薪高 821 元。为了进一步探究社会性参与对就业起薪的影响，本书建立了社会性参与对就业起薪影响的回归模型。

表 3-7　样本的起薪分布

社会性参与类型	分　组	样本数	起薪均值/元	标准差	显著性
社团活动	是	195	5 409.231	2 891.690	0.106
	否	125	4 928.000	2 378.451	
创新创业	是	139	5 685.612	3 031.156	0.009
	否	181	4 864.641	2 380.935	
勤工俭学	是	154	5 253.896	2 882.223	0.837
	否	166	5 190.964	2 546.532	
实习活动	是	237	5 235.021	2 797.912	0.871
	否	83	5 181.928	2 486.164	

二、大学生社会性参与、技能水平与就业起薪

如表 3-8 所示，在单独加入社会性参与行为这一变量时，创新创业行为对就业起薪具有正向预测作用，影响系数是 0.051，即参与创新创业活动能在一定程度上增加就业起薪。而其他社会性参与行为并没有起到显著的影响作用。同时考虑到就业起薪会受到个人特征的影响，因此在模型 2、模型 3、模型 4 中逐步加入了一系列控制变量，即性别、学历、学校类型。在加入这三个变量后，影响系数从 0.051 最终变成了 0.055。这表明在排除了控制变量性别、学历、学校类型后，创新创业参与对就业起薪依旧存在正向影响，即参加了创新创业活动的学生，其就业起薪相较于没有参加创新创业活动的学生的就业起薪高。

表 3-8　社会性参与对就业起薪的影响

变　　量		模型1	模型2	模型3	模型4
社会性参与	社团活动	0.057	0.054	0.042	0.043
		（0.025）	（0.024）	（0.023）	（0.023）
	创新创业	0.051*	0.041*	0.062*	0.055*
		（0.025）	（0.024）	（0.023）	（0.023）
	勤工俭学	−0.040	−0.051	−0.062	−0.071
		（0.024）	（0.023）	（0.023）	（0.023）
	实习活动	−0.038	−0.047	−0.045	−0.035
		（0.028）	（0.027）	（0.026）	（0.026）
性别	男		0.301***	0.239***	0.249***
			（0.022）	（0.022）	（0.022）

续 表

变 量		模型1	模型2	模型3	模型4
学历	专科			−0.933**	−0.720*
				（0.138）	（0.158）
	本科			−1.003**	−0.784*
				（0.069）	（0.073）
	研究生			−0.392	−0.255
				（0.047）	（0.050）
学校类型	普通本科				−0.002
					（0.067）
	985 或 211				0.097
					（0.041）
N		320	320	320	320
R^2		0.027	0.117	0.197	0.205

注：①"***"表示 $p<0.001$，"**"表示 $p<0.01$，"*"表示 $p<0.05$。②括号内数字表示稳健标准误。③ N 为样本数量。④ R^2 为拟合度。

如表 3-9 所示，在单独加入技能变量时，技能水平对就业起薪有正向影响，影响系数是 0.022，即技能水平在一定程度上会增加就业起薪。本书逐步加入了一系列控制变量，即性别、学历、学校类型。在加入这三个变量后，影响系数从 0.022 下降到了 0.012。这表明学生的自身技能水平越高，其就业起薪就越高。

续 表

表 3-9 技能水平对就业起薪的影响

变 量		模型1	模型2	模型3	模型4
技能		0.022***	0.016***	0.012***	0.012***
		（0.002）	（0.002）	（0.002）	（0.002）
性别	男		0.275***	0.222***	0.231***
			（0.022）	（0.022）	（0.022）
学历	专科			−0.906**	−0.682*
				（0.136）	（0.156）
	本科			−0.943**	−0.755*
				（0.068）	（0.072）
	研究生			−0.391	−0.272
				（0.046）	（0.049）
毕业院校类型	本科				0.044
					（0.066）
	985 或 211				0.104
					（0.041）
N		320	320	320	320
R^2		0.068	0.143	0.208	0.214

注：①"***"表示 $p < 0.001$，"**"表示 $p < 0.01$，"*"表示 $p < 0.05$。②括号内数字表示稳健标准误。③N 为样本数量。④R^2 为拟合度。

如表 3-10 所示，在社会性参与的各类参与行为作为解释变量中，只有创新创业参与对技能水平有显著正向影响，影响系数是 0.238，即创新创业参与在一定程度上提高了技能水平。而社团活动、勤工俭学以及实习活动均没有对技能水平产生影响。为了不受控制变量影响，本书运用逐步回归方法，分析了加入控制变量后的影响，即性别、学历、学校类型，在加入这三个变量后，影响系数从 0.238 变成了 0.227。这表明学生参与创新创业活动，在一定程度上能提升技能水平。

表 3-10 社会性参与对技能水平的影响

变 量		模型1	模型2	模型3	模型4
社会性参与	社团活动	0.026	0.025	0.023	0.025
		（0.662）	（0.658）	（0.658）	（0.660）
	创新创业	0.238***	0.235***	0.234***	0.227***
		（0.064）	（0.060）	（0.065）	（0.068）
	勤工俭学	0.092	0.088	0.075	0.067
		（0.642）	（0.639）	（0.652）	（0.656）
	实习活动	−0.009	−0.012	−0.018	−0.012
		（0.739）	（0.735）	（0.742）	（0.748）
性别			0.115*	0.093	0.102
			（0.615）	（0.630）	（0.635）
学历	专科			−0.308	−0.178
				（3.941）	（4.529）
	本科			−0.378	−0.211
				（1.967）	（2.108）
	研究生			−0.136	−0.031
				（1.337）	（1.426）

续　表

变　量		模型1	模型2	模型3	模型4
学校类型	普通本科				−0.039
					（1.918）
	985 或 211				0.058
					（1.185）
N		320	320	320	320
R^2		0.076	0.089	0.102	0.107

注：①"***"表示 $p < 0.001$，"**"表示 $p < 0.01$，"*"表示 $p < 0.05$。②括号内数字表示稳健标准误。③ N 为样本数量。④ R^2 为拟合度。

在控制性别、学历、学校类型的情况下，本书对技能水平在创新创业参与和就业起薪之间的关系中作为中介效应进行检验。结果表明，创新创业参与对就业起薪的预测作用显著（ $t=3.005$ ， $p < 0.05$ ），且当放入中介变量后，创新创业参与对就业起薪的直接预测作用也显著（ $t=3.350$ ， $p < 0.05$ ），创新创业参与对技能水平的正向预测作用也显著（ $t=2.284$ ， $p < 0.05$ ）。此外，创新创业参与对就业起薪影响的直接效应及技能水平的中介效应在 bootstrap 95％置信区间的上、下限均不包含 0，这表明社会性参与中的创新创业参与不仅能够直接影响就业起薪，还能够通过技能水平的中介作用影响就业起薪。该直接效应（0.046）和中介效应（0.019）分别占总效应（0.065）的 70.8％和 29.2％。

三、社会性参与影响就业起薪的原因分析

（一）社会性参与行为趋向同质化

随着高等教育的普及化，大学生的社会性参与活动越来越趋向"同

质化"。以增加沟通能力、团结协作等综合能力为目的的各类社团活动在各校遍地开花，之所以会如此，一方面是因为高校将其纳入素质拓展学分，并与奖学金、毕业证等挂钩，部分学生为了完成一定的素质拓展学分，从而参与社团活动；另一方面，多数学生存在跟风行为，其在社团招新期间看见某个社团受欢迎而加入该社团，并不是因社团本身的魅力以及自身的喜好而选择。另外，由于社团活动的多样性，很多社团只是作为一个挂名社团，并没有实质性的活动，以及社团活动参与时间较短，大多集中在大一、大二期间，大多数学生在大三就已退团，只有少数学生成为社团负责人，这并未让学生的各方面综合能力得到提升。对于用人单位来说，各个学生简历上都附带着参与了某社团活动的信息，该社团活动所带来的技能水平信号效应也随之减弱，而用人单位也不会因为学生曾参与了社团活动而增加对学生的好感，更不会因此提高学生的就业起薪。

毕业生向用人单位发出曾参与过勤工俭学和实习活动这一信号，以此来表明他们有更好的工作态度、更强的责任感等，但其参与过实习并不意味着会拥有更多的知识和技能。另外，根据零和理论，学生在学习期间参与勤工俭学或实习可能会导致其受教育程度较低，对目前所从事岗位的专业知识存在一定的欠缺。有的学生在校期间实习时间较短，技能水平并没有得到有效提升，加之其对岗位的整体情况了解较少，各个公司的岗位所看重的能力与技能也不一样。此外，用人单位经过长时间的了解，发现大多数学生为了美化自身形象，会杜撰或夸大一些实习经历，使双方掌握的信息不对称，因而对于多数用人单位来说，它们为了减少错误信号所带来的损失，会在毕业生进入公司时对其采取统一的就业起薪标准。这可能是毕业生的就业起薪在是否参与勤工俭学和实习活动中并不能有效体现出来的原因。

创新创业这一社会性参与行为在近年来得到国家的重视。为了促进高校学生的就业，中华人民共和国教育部在2021年的工作要点中明确提出高校毕业生创业促进行动。为了进一步加大对创新创业的支持力度，各高校举办了"三创"比赛，以此推动学生的创新能力。目前社会所倡导的是创新能力，而创新需要的是新一代的年轻人有敢想敢拼的精神，并且能够在创新创业活动中充分发挥自身的想象力、创造力。在此过程中，还需要队友的帮助，而在与团队一起学习的过程中，学生会充分提升自身的协作能力、实际操作能力，进而提高自身的技能水平。此外，用人单位会将创新创业作为选择员工的标准，即创新创业活动是为了用人单位方便观察学生技能水平而发出的一个信号。同时，对于自己创业的学生来说，在创业稳步的情况下，自己当老板的工资会优于在其他企业作为一个普通员工的工资。这也是创新创业能提高就业起薪的原因。

（二）劳动力市场信息的不对称

一方面，毕业生刚进入社会，对现有的劳动力市场处于懵懂状态，对相关行业以及岗位的相关信息资料也知之甚少，即毕业生并不完全了解目前的劳动力市场，再加上毕业生在校期间没有过多的实习及工作经验，没有足够的底气去和企业争取提高自己的报酬，而是将自己作为"职场小白"，放低了自身姿态，没有依据劳动力市场信息正确判断自身的价值，为自己争取与自己能力相当的薪酬，从而接受从企业放出的薪酬信息。社团活动、勤工俭学以及实习活动等都是在学校的组织下展开的，学生对信息了解得不够全面。而在创新创业参与中，学生会自己考察劳动力市场，依据劳动力市场给出的信息做出相应的判断，确定自己的创业计划或者主意是否可行，在毕业前收集足够的信息。而没有参与过创新创业的学生需要花费更多的时间去搜寻劳动力市场信息。这可能是大学生的就业起薪没有因社团活动、勤工俭学、实习活动这三方面的社会性参与行为而得到提升的原因。

另一方面，用人单位对毕业生的能力知之甚少。大学生通过一定的高等教育，积累了一定的人力资本，而用人单位在决定招聘毕业生时并没有全面了解其潜能，只看重眼前公司的利益，忽视了毕业生在劳动力市场上的未来价值。根据劳动力市场上获得的信息，用人单位认为大学生的社会性参与行为很少能反映出大学生的整体素质，并认为大学生所说的社会性参与行为的真实性存在一定的欺骗性或夸大性质，而不以这些为重要指标来提升毕业生的就业起薪，而创新创业参与所涉及的那些比赛因为比其他的社会性参与行为更易被识别出毕业生所具有的能力。对于参与过创新创业行为的学生来说，企业会认为他们敢闯敢拼，有创造性，对于公司来说是很好的新鲜血液，因而会提高其就业起薪。其他的社会性参与则很难被甄别出信号的真伪，其对于用人单位来说是无效信息，因此用人单位不以此作为提升毕业生就业起薪的参考。

第四节　促进大学生社会资本积累的对策

一、通过就业指导和就业服务增强学生的就业自信

（一）通过校企合作的方式提升学生的就业力

学校应依托相关行业、相关领域，充分利用办学优势和行业优势，加强就业实习基地的建设。例如，重庆理工大学通过召开驻渝异地商会座谈会，构建校友会大学生就业联盟等方式，不断拓宽毕业生就业渠道。学校先后邀请浙江商会、河南商会、四川商会、山西商会等多家驻渝异地商会会长、秘书长到校共同探讨关于建立校会大学生就业联盟、就业实习基地等问题，充分利用校友资源，建立了重庆理工大学校友会毕业生就业促进会。学校还通过加强与用人单位的沟通交流，大力拓展就业基地，在西南、华南、华东、华中片区的国防兵工、制造业、IT电子、银行金融、房地产等行业建立了毕业生就业基地，形成了学校、用人

单位、人才市场三者互联的供需信息网络。学校立足重庆，通过"走出去——广建平台"，实现了"请进来——集团招聘"，在深入对接两江新区、北部新区、九龙园区、西永微电园区、璧山工业园区等地区的集团"目标客户"基础上，还安排调研小组走访了珠江三角洲和长江三角洲地区。通过大力开展校企合作和交流，为毕业生就业搭建了更广阔的平台。

多年来，学校还积极探索创新人才培养方式，紧密结合地方经济建设和行业发展需求，将产学研结合作为提升人才培养质量的关键，借校企产学研合作的实质对接打造就业服务品牌。毕业生的实践创新能力越来越受到用人单位的关注，已经成为核心竞争力的重要指标。学校与合作集团联合推出了"3+1"培养模式，为合作公司输送了大量优秀的人才；学校还被重庆市教育部门确定为重庆市笔记本电脑制造基地人才培养试点高校和培训高校，对接合作企业为世界500强知名企业，实现了人才供需的良性互动。通过产学研校企的合作共赢，重庆理工大学毕业生综合素质不断提高，就业核心竞争力显著增强，受到用人单位的普遍欢迎。

（二）通过优质的就业服务为学生实现充分就业提供保障

为了促进学生高质量就业，学校应建立就业工作职能部门、学院党政主要负责人、系室主任、班主任和一线教师"四级联动"的工作机制，形成"人人关心就业工作、人人支持就业工作、人人参与就业工作"的良好氛围，构建以"以校内大型就业市场为主体，以校园专场招聘会为延伸，以网上就业市场为载体，以就业基地和就业工作站为依托"的就业市场体系。重庆理工大学正是建立了这种体系，才吸引了两江新区、北部新区、涪陵经济开发区等经济园区的集团多次进校开展"集团式"招聘活动；省外，如安徽省芜湖市、蚌埠市和浙江省绍兴市上虞市区等地区的集团也来学校组织地区性的专场招聘活动。

第三方毕业生质量跟踪调查显示，80％的用人单位对重庆理工大学毕业生质量表示满意，20％的用人单位对重庆理工大学毕业生质量表示比较满意。例如，有集团认为该校毕业生"具有比较扎实的专业理论知识和较强的实践动手能力、科研能力，能扎根基层，具备较强的敬业精神"；山西某机床厂认为重庆理工大学毕业生"专业知识扎实，独立工作能力较强，有开拓创新精神，综合素质高"。

（三）通过创业实践提升学生的就业竞争力

在创新创业教育方面，学校应通过创业知识和创业技能的培训，引导学生开拓就业途径，提高就业竞争力。学校应专门成立大学生创业教育中心，构建基于"教育、实践、指导、服务"的创业孵化园。创业孵化园可以采取"项目遴选入驻—园区孵化—创办微企—投入市场"的模式，聘请创业优秀校友担任"创业导师"，通过为大学生提供创业场地及相关扶持政策，为大学生提供创业实践平台，规范引导大学生创业团队创业实践，使大学生在经营管理、资本运营、团队协作、公共关系、风险竞争、法律契约、开拓创业等方面得到有效的锻炼和提高。

例如，重庆理工大学卓越工程师培养计划旨在培养创新能力强、适应经济社会发展需要的高质量工程技术人才。学校通过创新人才培养模式，使大学生综合素质不断提高，他们还在全国大学生数学建模、电子设计、"挑战杯"课外科技作品等竞赛中获得了国家级和重庆市级奖励300余项，毕业生就业竞争力显著增强。此外，学校通过强化产学研合作，强化校企、校所协同育人，邀请和吸引行业、企业参与实践教学环节与内容的整体设计，构建了系统化、科学化、多层次的实践教学体系，做到了实践教学四年不断线，贯穿人才培养全过程。正是基于创新的人才培养模式，学校先后走出了多名优秀企业家。

二、设计提升社会资本的教学课程

本书将基于智能生涯资本理论反思职业生涯规划课程目标框架。生涯资本理论是近年来西方职业生涯领域从个体职业生涯竞争优势来源角度理解职业生涯成长的一种全新观点，即生涯资本是指可以为个体带来积极生涯结果的个体资源和关系。Luthans 和 Youssef 的竞争优势理论认为，生涯资本主要来自三个方面：人力资本、社会资本和心理资本。这三种形式的资本分别代表了一个人生涯资本的职能、关系和动机三方面的特征。①第一，人力资本是能够提升个人职业生涯的个人和专业的经验；对于职业生涯而言，人力资本是个体在不同就业环境下可以提升和应用的可转换的技能、能力和知识的综合。第二，社会资本是个体人际关系网络带来的资源整合。②社会资本既包括工作中的各种关系，也包括个人家庭、专业团体、指导者等方面带来的联系。第三，心理资本是一个人的积极心理状态，它包括自信地应对挑战性的任务、对当前和未来成功进行积极归因、坚持不懈地追求目标，如果需要，及时调整目标以取得成功、在逆境中坚持不懈取得成功。③

由上述分析可以得出，从生涯资本视角来理解和重构大学生职业生涯规划课程的目标，可以为这门课程提供一个提高生涯适应力的理论框架，使人们更加全面深入地把握表征大学生职业生涯发展阶段性的关键指标和核心素养，有利于课程目标的明确化和具体化落实，更有助于学生的可持续发展。因此，基于智能生涯资本理论，本书将围绕自主学习与成长、职业能力与兴趣、合作共处与沟通、理性决策与管理、社会适应与责任五方面来探讨高校职业生涯规划课程的目标设计问题。这样既能从横向和纵向两个维度考虑高校职业生涯规划课程目标的逻辑结构，

① LUTHANS F, YOUSSEF C M. Human, social, and now positive psychological capital management: investing in people for competitive advantage[J].Organizational Dynamics, 2004, 33（2）: 143-160.

② INKPEN A C, TSANG E W. Social capital, networks, and knowledge transfer[J]. Academy of Management Review, 2005, 30（1）: 146-165.

③ LUTHANS F, YOUSSEF C M. Emerging positive organizational behavior[J].Journal of Management, 2007, 33（3）: 321-349.

也能更多地关注技能、态度和情感等方面的多维度目标。

建构课程目标需要有一个内在的逻辑关系，在水平层面上要设计目标领域，在垂直层面上要设计目标层次，这样建构出的目标体系是比较合理的，这也是目前国际上比较通用的做法，高中生涯规划课程目标的设计也是如此。结合学校实践现有的经验进行反思，高校职业生涯规划课程目标领域应该兼顾学生生涯发展的各个方面，涵盖生涯意识与探索动力、专业认同与学习投入、职业技能与实践能力、人际交往合作与自我认知、公民责任与社会适应五大领域；高校生涯规划课程目标层次应随年级的增长而螺旋上升，涵盖基础水平、发展水平、个性化水平。

就课程目标的垂直逻辑而言，高校生涯规划课程体系的建设并不是平面的，一个科学的课程系统需要体现出课程的发展性、递进性和层次性，大学生职业生涯规划课程的开设要与不同年级的培养目标与能力水平的要求相匹配，体现不同年级生涯规划课程的能力标准及学生发展的阶段性。从总体上设计大学生职业生涯规划课程五大领域的三个不同阶段的水平：基础水平、发展水平、个性化水平。其中，基础水平是指大学阶段生涯发展所要达到的基础要求；发展水平是在基础水平上根据个体差异进行主动发展和实践拓展的可能性，鼓励学生将知识学习与实践活动联系起来，将所学运用到社会生活和问题情境中，提升学生各方面的能力水平；个性化水平则是在基础水平和发展水平的条件下，实现学生的个性化发展，学生能够成为自己发展的主人，能对自己的生涯发展进行理性抉择与自主管理，形成稳定的价值观系统。

如表 3-11 所示，高校职业生涯规划课程的目标设计应围绕"了解自我""了解社会""学会选择"三个维度来考虑。依据前文提出的生涯意识与探索动力、专业认同与学习投入、职业技能与实践能力、人际交往合作与自我认知、公民责任与社会适应五大核心素养，大学生职业生涯规划课程的目标在水平层面分为五大领域，每一个领域直接指向具体的能力要求。高校职业生涯规划课程的目标在垂直层面是随大学阶段四个年级的层次递进而呈螺旋式上升，年级段的生涯规划课程目标将与大学生的身心发展规律、学校培养目标、个人成长需求紧密相连，各年级段各有侧重，即大一重在以通识教育的方式帮助学生在了解自我（如兴趣、特长、能力、人格、价值观）的基础上进行生涯认知与初步的学业规划，包括大学专业学习要求、课业安排、知识储备、学习资源等；大二重在通过与职业世界的联结全面增强学生对自我的认识并使其真正找到学习的动力所在，能够对高校专业情况、市场人才需求、行业形势和国家政策进行理性分析和系统思考；大三重在使学生在对自我和社会的全面认知的基础上进行初步的目标职业范围的选择与确定，形成较为明确的职业发展方向，并能够有目的、有针对性地培养专业能力和职业技能，积极找寻社会实践的机会；大四重在以实践体验的形式进行职场实习体验，调整和完善个人的前期规划，学会求职或升学面试技巧及必备的礼节礼仪等，培养大学生的社会责任感和使命感。

表 3-11　高校职业生涯规划课程目标的垂直逻辑

年级	主题				
	生涯意识与探索动力	专业认同与学习投入	职业技能与实践能力	人际交往合作与自我认知	公民责任与社会适应
大一	培养学业规划意识	了解专业学习要求	了解专业学习资源	了解自己的个性	培养角色意识
大二	培养职业规划意识	探索专业学习动力	了解社会发展阶段	掌握沟通的方法	培养积极心态
大三	进行职业方向探索	培养专业能力	掌握职业技能	培养团队合作精神	培养职业操守
大四	进行职业机会探索	探索核心竞争力	明确职业目标	学会情绪管理	培养社会责任感

三、加强实践环节的教学内容

课程内容设计应关注课程内容选择的一般原理或依据准则，一般会遵循以下四个原则：第一，以课程目标为主要选择依据，关注内容的重要性和有效性；第二，应考虑学生的所学专业与兴趣需要，贴近其生活经验；第三，应考虑社会发展的需要与未来人才需求；第四，课程内容的选择要考虑课程及其内容本身的性质。[①]高校职业生涯规划课程内容是学习经验与学习活动的综合体，其设计应从以下几方面考虑：从学习者的角度出发和设计，与学习者个人的经验相联系，充分发挥其主体能动性；以学习者的兴趣、需要、能力、经验为中介实施课程；突出课程内容的综合性和整体性；从人才培养目标定位出发，通过教学与科研的结合，将教师研究成果融入教学内容中，充分体现教学与科研的深度融合，实质性地形成特色鲜明的课程教学体系，保证课堂教学内容的先进性。

当下，基于核心素养的课程发展面临的挑战之一是如何借助单元设计的创新，促进传统课堂的转型。在"核心素养—课程标准—单元设计—学习评价"这一环环相扣的教师教育活动的基本链环中，单元设计处于关键的地位。[②]针对大学生职业生涯规划课程的目标逻辑和内容设置的现有问题，其单元内容模块设计应注意以下几点。

第一，既要符合一般课程内容设计的基本原则，也应根据课程本身的特性寻求自己的宗旨。高校职业生涯规划课程的内容既要考虑高等教育阶段学术课程体系中专业培养和社会需要的要求，也要关注学生学业规划以外的其他的发展需求，尤其是学生生涯发展的整体性需求。

第二，生涯规划课程内容与生涯规划课程的目标逻辑的对应。高校职业生涯规划课程内容的选择与确定应该依据其五大领域的培养目标，每个领域的培养目标下都应有相应的生涯规划内容模块与之对应，这样

---

① 马云鹏.课程与教学论 [M].北京：中央广播电视大学出版社，2002：103-109.
② 钟启泉.单元设计：撬动课堂转型的一个支点 [J].教育发展研究,2015,35(24)：1-5.

才能保证生涯规划课程内容设置的完整性与有效性，以及内容选择的科学性与针对性。

第三，高校职业生涯规划课程内容要根据主题设计的原理来建构。考虑到大学生职业生涯规划课程内容的跨学科、综合体验的特性，基于目标能力的主题式内容模块建构，既能确保整个生涯规划课程内容体系的系统性与完整性，也能关注到生涯规划课程的知识学习与实践探索的均衡，以及学科培养与生涯发展的均衡。

高校职业生涯规划课程内容模块及其内涵要求如表 3-12 所示。

表 3-12　高校职业生涯规划课程的内容模块与内涵要求

课程能力模块	课程内容模块	内涵要求
培养生涯意识与探索动力	潜能唤醒与学业规划	具备自主积极的学习能力、思考能力与创新能力，发掘自己创造未来的潜能，理性规划学业
增加专业认同及学习投入	专业与职业的发展	能在充分认识专业发展情况的基础上持之以恒地投入学习，形成内在动力，达成学业发展目标，实现个体的可持续发展
发展职业技能与实践能力	新媒体技术与职业探索	能有效使用新媒体技术和数据网络了解社会并进行职业探索，发展信息管理能力与职业技能
提升人际交往合作能力与自我认知	自我探索与团队合作	充分认识自己的丰富人格特质，能多样化地表达自己，并与他人进行合作交流
培养公民责任与社会适应	公民意识与职业操守	正确认识自己的角色定位与独特价值，能在复杂多变的社会中快速适应并承担责任

为了确保课程实施模式与课程目标、课程内容的一致性，基于前文的目标逻辑建构和内容模块建构，本书建构了高校职业生涯规划课程实

施模型（表3-13），并针对每一个内容模块对应的课程实施模式提出了相应的内涵要求。

表 3-13　高校职业生涯规划课程实施模式与要求

课程内容模块	课程实施模式	内涵要求
潜能唤醒与学业规划	专业导论课程	知识性学习范畴：掌握学科知识与生涯知识，发展学生综合学力与理性思维，让学生学会求知
专业与职业的发展	生涯规划通识课程	知识性学习范畴：兼顾个体特质、学业规划、职业探索等多个层面，为学生构建一个整体的生涯发展框架，让学生更好地学会发展
新媒体技术与职业探索	职业技能选修课程	实践性学习范畴：让学生在实践体验中形成职业认知，发展学生的职业技能和综合能力，让学生学会做事
自我探索与团队合作	团体主题活动课程	探索性学习范畴：让学生从多方面认识自我，在团体的交流互动合作中共同探索、评估、规划生涯，达成默契共识并学会共处
公民意识与职业操守	综合实践活动课程	体验性学习范畴：基于角色体验在社会实践、研究性学习、社区服务等综合实践活动中了解社会各行业的发展变化与所需资格能力，培养学生的公民意识与责任担当

第四章　大学生心理资本对就业的影响研究

第一节　大学生心理资本对就业压力的影响

近些年关于大学生就业压力的研究表明，大学生就业压力容易受到来自各个方面的影响。心理资本高的大学生在面对各种各样的压力时，会更积极解决问题，减少压力；心理资本低的大学生在面对困难和问题时，容易产生消极行为，增加压力。因此，在降低大学生就业压力的过程中，关注大学生的心理资本是必要的。

本书试图讨论当前环境下，大学生心理资本与就业压力的关系，通过问卷调查和访谈法，了解大学生的就业压力状况，为高校、家庭和社会提供缓解大学生就业压力的有效途径。本书采取随机抽样的方法，面向重庆市高校大学生发放了 613 份问卷，回收 600 份，回收率为 97.88％。调查方式为线上调查和线下调查相结合的方式，调查年级包括大一年级、大二年级、大三年级和大四年级，调查专业涉及工科、理科、人文社科和其他专业。被调查对象中，女性占比为 51.6％，男性占比为 48.4％；独生子女占比为 40.4％，非独生子女占比为 59.6％；生源地来自城镇和农村的占比分别为 46.6％和 53.4％。被调查对象中大二占比最少，为 7.5％；大三、大四的数量较多，分别占比 37.9％和 42.2％。专业为人文社科的数量较多，占比为 48.5％；工科占比为 26.1％；理科占比为 15.5％，其他专业占比最少，为 9.9％。

本书采用了 Luthans 等编制的《心理资本问卷》（*Psychological Capital Questionnaire-24*），包含 24 个项目和 4 个维度，分别是自我效能感、乐观、希望和韧性。该问卷的 Cronbach's α 系数为 0.92，表明具有良好的信度。[①]本书还采用了自行编制的《大学生就业压力问卷》，包含 14 个项目，4 个维度，分别是父母因素、学校因素、专业因素、自身因素。该问卷的 Cronbach's α 系数为 0.847，表明具有良好的信度。问卷都采用李克特 5 点计分方式。本书还选取 10 名大学生作为访谈对象，并对访谈对象进行了编码（A1 ～ A10），采用线下和线上的方式进行访谈。

本书总体量表的 Cronbach's α 系数为 0.929，大于 0.9，说明量表研究的内容具有高度一致性，信度特别高。心理资本四个维度的 Cronbach's α 系数分别为 0.893、0.879、0.894、0.880，都大于 0.8，说明心理资本量表信度高。就业压力四个维度的 Cronbach's α 系数分别为 0.799、0.867、0.893、0.803，都大于 0.7，说明就业压力量表信度高。

一、心理资本的概念及维度

心理资本这一概念的发展起源于国外学者的研究，并在国外已形成大致的框架和组成结构，且心理资本由希望、乐观、韧性及自我效能感组成这一观点得到目前学界的公认。2002 年，美国心理学会前主席马丁·塞利格曼（Martin Seligman）提出了一个有关"心理资本"的概念，

---

①LUTHANS F, AVOLIO.BJ, AVEY.JB, et al. Positive psychological capital: Measurement and relationship with performance and satisfaction[J]. Personnel Psychology, 2007, 60（3）: 541-572.

他指出，心理因素能够导致个体积极行为，因此应被纳入资本范畴。根据这一内涵，Luthans 及其同事在 2004 年对心理资本做出定义，认为心理资本是一个由已经被公认的四种积极心理学资源，即希望、乐观、自我效能感及韧性组成的心理因素。Luthans 等在 2007 年对这一概念做出了补充修正，认为心理资本是个体在成长过程中的一种积极心理发展状态。①

在国内研究中，学者将心理资本的四个构成维度本土化后引入研究的情况较为普遍。国内学者大致有三种研究倾向：一是沿用心理资本是由希望、乐观、韧性及自我效能感四个要素组成的积极的核心心理能力和心理要素；二是针对如大学生、高校毕业生或成年工作者的具体研究对象而去细化心理资本的四个维度；三是根据这四个组成维度再进行展开，添加更多更能够适应本土研究的维度。

在对心理资本四个维度进行本土化展开、细化测量的研究中，学界大多主张从乐观、希望、韧性、自我效能感展开解释并在适应本土化处理后引入研究。柯江林、孙健敏、李永瑞指出心理资本是由事务型心理与人际型心理资本两个二级因素构成，并将事务型心理资本细化为自信勇敢、乐观希望、奋发进取与坚韧顽强，将人际型心理资本细化为谦虚沉稳、包容宽恕、尊敬礼让与感恩奉献。②程建平的研究则认为心理资本的四个维度通常可以用来作为衡量研究对象积极性、主动性、自律意识、自我超越等优秀品质的核心心理因素。③梁萧阳、冯彩玲、李庆山认为可以从自信与乐观、正义与善良、主动与坚韧、期望与希望这四个方面来

① LUTHANS F，AVOLIO B J，AVEY J B，et al. Positive psychological capital: Measurement and relationship with performance and satisfaction[J]. Personnel Psychology，2007，60（3）：541-572.

② 柯江林，孙健敏，李永瑞. 心理资本：本土量表的开发及中西比较 [J]. 心理学报，2009，41（9）：875-888.

③ 程建平. 人力资源开发视野下的大学生心理资本干预 [J]. 人才资源开发，2018（2）：64-66.

分析研究对象的心理资本。①

而将心理资本四维度作为基石的国内研究者在此基础上增加了更多与中国文化相关的内容，如感恩、主动性、主观幸福感、宽恕情商、组织公民行为等，用来划分心理资本的构成维度，以适应自身的研究。李林英、李健在研究中将大学生心理资本划分出了除希望、乐观、韧性及自我效能感之外的感恩这一维度。②高艳、乔志宏、武晓伟指出还有一个重要的维度为主动性。③沈妍、李娟、李小红则指出除四个维度之外，主观幸福感、情商、组织公民行为等内容也可以用来衡量研究对象的心理资本。④张铮在四个维度的基础上认为，心理资本在未来的发展中还应存在感恩、宽恕、情绪智力等维度。⑤

由此可见，国内外对心理资本这一概念的研究的基本方向是一致的，但是受国内外研究环境的不同和文化差异的影响，国内学者针对具体研究对象会更加细化心理资本测量维度。综上所述，本书沿用基本成为学界共识的心理资本定义：由希望、乐观、韧性及自我效能感组成的积极心理能力和心理要素。

二、大学生心理资本与就业压力现状分析

通过对重庆市高校大学生的抽样调查，本书得到了样本在心理资本的四个维度和总体的分值情况，如表4-1所示。

① 梁萧阳，冯彩玲，李庆山.新生代大学生就业能力分析[J].山东人力资源和社会保障，2019（6）：17-19.

② 李林英，李健.心理资本研究的兴起及其内容、视角[J].科技管理研究，2011，31（22）：147-151.

③ 高艳，乔志宏，武晓伟.基于职业认同和心理资本的大学生就业能力提升实证研究[J].高教探索，2017（3）：107-112.

④ 沈妍，李娟，李小红.浅析大学生心理资本开发的必要性及对策[J].中国市场，2018（3）：213，219.

⑤ 张铮.基于心理资本培育的大学生就业能力提升策略[J].成都师范学院学报，2018，34（8）：6-10.

表 4-1　样本情况描述

变　量	平均值	标准差
自我效能感	3.588	0.743
希望	3.382	0.784
韧性	3.716	0.698
乐观	3.636	0.733
心理资本总体	3.576	0.672

从表 4-1 可以看出，心理资本总体平均得分为 3.576，证明心理资本水平较高。大学生自我效能感、希望、韧性、乐观平均得分分别为 3.588、3.382、3.716、3.636，这说明大学生对未知事物的态度比较积极。

本书决定选取 10 名大学生作为访谈对象，并对访谈对象进行编码：A1 ～ A10，采用线下和线上的方式进行访谈。其中访谈者的信息如表4-2 所示。

表 4-2　访谈对象基本情况

编　号	性　别	专　业	是否就业
A1	女	人力资源管理	是
A2	女	市场营销	否
A3	男	隧道设计	是
A4	女	车辆工程	否
A5	女	人力资源管理	否
A6	女	金融数学	是
A7	女	工商管理	否
A8	女	通信工程	否

编　号	性　别	专　业	是否就业
A9	男	应用数学	是
A10	男	刑事侦查	是

通过访谈得知，A1、A2、A4、A5、A6、A8、A10 这七名学生的心理资本处于一般水平，A3 这名学生的心理资本水平特别高，A7、A9 这两名学生的心理资本水平比较低。其中，A1、A2、A3、A8、A9 这五名学生提到了自己的信心水平和希望水平不高；A3、A8 这两名学生提到了在就业过程中经常会遇到来自面试过程的困难和压力，影响了自己的自信，从而减少了自我效能感和希望水平；A7、A10 两名学生提到了自己的乐观水平，表示身边的同学陆续就业了就会感到更大的压力，特别是认为自身条件比同学更有优势的人，会产生极大的落差感，降低乐观水平；A4、A5、A6、A9 这四名学生提到了在就业过程中不断遭受打击和挫折也会影响积极的心态，这四个人都提到在就业期间会遇到特别多的困难，如果不能很好地解决就容易产生焦虑的情绪，降低心理资本的水平。

本书还对重庆市高校大学生的就业压力来源情况进行了问题调查，结果如表 4-3 所示。

表 4-3　压力源情况描述

变　量	平均值	标准差
父母因素	3.230	0.899
学校因素	3.093	0.978
专业因素	3.110	1.104
自身因素	3.354	0.934
就业压力总体	3.192	0.823

由表 4-3 可知，大学生就业压力总体平均得分为 3.192，这表明就业压力较大。四个维度平均得分由大到小排列依次为自身因素、父母因素、专业因素、学校因素，可以看出大学生压力主要是受到自身以及父母的影响。在访谈过程中，A3、A5、A7、A9 这四名学生提到了来自自身的压力，其中 A3、A7 认为自己在大学四年中没有认真学习和实习，A5 认为自己相比其他求职者没有更加突出的优势，A9 认为自身条件比较好，专业知识比较牢固，认为自己一定要找到更好的工作，对自己的期望过高。A1、A2、A6、A8、A9、A10 这六名学生提到了社会上就业岗位的短缺以及企业对求职者不断提高的能力要求、知识要求和学历要求，其中 A1、A6、A8、A9 提到现在的就业市场需要高学历、高知识的人才，职场上还会出现不平等对待的现象，和同事、领导的人际关系处理不好，自己缺乏人际交往和沟通能力等问题。A2、A4、A9、A10 这四名学生提到了来自家庭的压力，其中 A4 表明当身边的朋友找到工作了，父母会特别着急催促自己找到满意的工作；A9 表明家庭条件不太好，需要自己找到工作减轻父母的经济压力；A10 表明自己需要得到父母的肯定，想找到符合父母要求的工作。A7、A8、A9 这三个人提到了来自专业知识缺乏的压力，其中 A7 表明自己在实习过程中经常会遇到工作上的困难，并不能很好地解决问题，认为自己专业知识学习并不好；A8、A9 表明自己的专业学习和社会、企业的要求并不能完全匹配，需要进行专业上的提升。

三、大学生心理资本影响就业压力的原因分析

（一）大学生期望较高

从以上的研究结果可以看出，大学生的希望水平显著正向影响就业压力，大学生希望维度的平均值在四个维度中最高，为 3.382，表明目前大学生的希望水平较高。希望水平相对较高的大学生能够在就业过程中

建立各种目标，但这些目标可能难以实现。当目标不能实现时，这部分大学生的就业压力会变大。还有一部分大学生主要接受学校的专业知识教育，并不能拥有很多的实习经验，导致其对就业环境、就业岗位、就业方式的认识多数来源于网络，并没有深入地思考自己的就业目标，也并未根据自身的能力规划职业途径。女性大学生的就业压力高于男性大学生，这和屠家宝的研究结果相同。[①] 女性大学生在未就业时，对女性就业期待过高，当真正进入就业市场会发现，相比男性会缺少一些就业机会，导致女性大学生就业压力增大。

不同生源地的大学生在就业压力方面存在差异，这和杨仕元、岳龙华、高蓉的研究结果相同。[②] 这可能是因为城镇大学生父母的观念和孩子基本一致，可以提供更多的就业机会，而且城镇大学生拥有更好的资源和更开阔的眼界，可以有更多的机会获得就业信息，了解不同的就业方向，对就业要求更高，对就业形势过于乐观，导致城镇大学生的就业压力高。魏晨的研究结果表明，在就业压力方面独生子女高于非独生子女。独生子女受到来自家庭的关注更多，父母对独生子女的教育投资更高，所以独生子女更容易对未来就业产生高期待，产生就业压力。[③]

在访谈过程中，A9、A10 两个人提到了自己的坚韧和希望水平，表明自己对就业情况的认知过于理想化，就业过程中经常会遇到各种各样的困难和挫折，当就业目标和自己期许的目标不能达成一致的时候就会产生消极的情绪，导致自己的就业压力变大。A1、A3、A7 三个人还提到了来自父母的压力，他们表明，作为家里面的独生子或者独生女，父母对自己的就业情况期待值较高，在父母的影响下，自己也会对就业产

① 屠家宝.特质焦虑与大学生就业压力的关系：有中介的调节效应 [J].牡丹江师范学院学报（社会科学版），2022（2）：86-93.

② 杨仕元，岳龙华，高蓉.大学生就业压力及影响因素分析 [J].中国大学生就业，2022（14）：55-64.

③ 魏晨.互联网经济下大学生就业压力影响因素分析 [J].黑龙江科学，2022，13（22）：151-153.

生很多期望，但严峻的就业环境并不能提供很好的就业机会。

（二）大学生自身能力不足

在访谈过程中，A1、A2、A6、A7、A8、A9、A10 这七个人提到了目前的就业市场对求职者的能力要求越来越高，企业比较看重求职者的综合能力和专业知识掌握情况，其中 A7、A8、A9 这三人认为自己的知识水平并不符合企业的要求，认为自己的学习能力、抗压能力等存在不足；A2、A6 认为自己的沟通能力、社交能力等有很大的提高空间；A1、A2、A7、A9、A10 还认为学校提供的就业信息和资源不足，开展的就业指导和就业咨询的服务也不具有针对性和有效性。这几名学生都提到学校的专业课程太多，在完成课业上花费了太多的时间，以致自己没有更多的时间参加社会实践，提高社交能力。而所谓的完成课业，只是被动地听课、完成作业、应付考试，至于课程的内容，很少有人能够真正记住，更不要说应用和提高了。他们还提到自己的专业知识已经不能跟随企业和社会的发展，导致自身无法在面试中脱颖而出。A6 提出了自己在大学生活中局限于对自己专业知识的学习，没有学习其他的技能，现在的企业需要更多的融合型人才，自己单一的知识技能让自己在就业过程中没有核心竞争力。

（三）大学生缺乏积极的就业态度

从以上研究可以看出，大学生的乐观水平显著负向影响就业压力，这和孟祥乐、加金轮的研究结果相同。[①]乐观是一种积极的认知方式，乐观的人对任何事情都有美好的期许，并愿意用积极理智的态度去完成。高乐观水平的大学生在面对就业过程中的困难和挫折时，会用积极的态度和理智的方式解决。处于不同环境的大学生的压力来源比较复杂，又会因为个体的差异表现出不同的形式。如果缺少在活动中锻炼自己的能

---

① 孟祥乐，加金轮.心理资本对陕西省体育专业大学生就业压力影响的研究 [J].延安大学学报（自然科学版），2015，34（4）：92-95，99.

力以及培养乐观和积极面对困难的态度的机会，会导致大学生在复杂多变的就业环境中容易用消极的态度面对竞争者和市场，感受到的就业压力更大。而高乐观水平的大学生更加关注严峻就业市场积极的一面，对未来的生活和工作的开展保持积极的态度，会寻找有效的解决方式，这样的大学生在劳动力市场中更具有竞争力，感受到的就业压力更小。

在访谈过程中，当询问到就业过程中的心态时，A1、A2、A3、A4、A5、A6、A8、A10 八名学生的就业心态比较积极，A7 和 A9 两名学生的就业心态比较消极。A1、A2、A3、A4、A5、A6、A7、A8、A9 九个人提到了在就业过程中会产生消极的情绪，特别是经过长时间的准备并没有达成目标的时候会产生非常大的压力，但自己并不能有效地调节自己的消极情绪，不能找到合适的减轻压力的方法。A3、A7、A8 、A10也提到了自己在就业过程中会产生消极的情绪和想法，并表明这会影响自己的就业过程，容易使自己产生焦虑的心理和就业压力。

四、从高校和个人的角度对大学生心理资本的建议

（一）学校方面的建议与举措

第一，目标是学习和生活的向导，学校可以通过目标管理方法帮助学生，使学生合理规划学习与生活，在目标的实现过程中获得成就感，产生自信，并对未来充满希望。职业生涯规划课就是一门可以帮助学生建立目标的课程，对大学生大学生活和未来职业发展有较大的影响。这门课程一般在大学第一学年开设，并作为一门必选课程，其有助于大学新生尽早树立大学学习与生活的目标，真正融入大学生活，防止大学生虚度时光，最后感觉大学四年毫无收获。所以，高校可以适当增加这门课程的学习时长，并配套开展职业生涯规划相关比赛活动。

第二，心理健康课程是对大学生心理资本具有直接影响的课程，该课程可以帮助大学生了解自己的心理状态，促进健康心理的形成，所以，

高校可以增加该课程的学习时长。该课程可以以观看相关心理健康电影或书籍，然后集体讨论，发表感想的方式进行；同时可以同心理沙龙和心理漫画大赛等相关活动配套开展，将效果最大化。

第三，由前文结果讨论可知，文科生心理资本水平低于理科生，原因在于文科学习更多倾向于理论知识，比较抽象，难以在学习中体会到自身能力的提高，不像理科生学习倾向于技能操作，比较具体，更容易感受到自身能力的提高，也更容易获得自信和希望。对此，学校可以增加一些实践性活动和技能操作性课程，如 office 办公软件操作技能、PPT制作、企业应用文（公文）写作等，让更多的理论课程学习成果通过实物展现出来，帮助学生了解自己能力的提高程度，如人力资源管理可以考取人力资源管理师资格证书。

第四，学校应为学生提供更多的机会和平台，如一些实习机会和实训类比赛，让大学生在具体实践中运用自身所学理论知识，培养大学生的做事态度，锻炼他们的意志力。

（二）大学生自身方面的建议与举措

第一，积极响应学校开展的相关实践、比赛和志愿者服务等活动，并在这些活动中与更多的人相互合作，提高自己的人际交往和沟通能力，不断在实践中感受自我能力的状况，认识自己，促进积极心态的培养。同时，积极利用课外时间寻找一些与自身所学专业相关的工作进行实习，以此锻炼自己的工作能力，积累工作经验，在工作中培养自身的事务型心理资本。

第二，从上文分析结果可知，社团干部经历对心理资本两个维度有显著正相关影响，有社团干部经历的学生，心理资本水平相对更高。所以，大学生应积极参加竞选班干部或社团干部的活动，以此进行一定的管理活动，在管理活动中锻炼自身的工作处事能力，并从中收获成功的喜悦，培养自己的自信心和坚韧的意志力，使自己的事务型心理资本在管理中得到培养，人际型心理资本在与他人交往中得到提升。同时，这也能为以后求职积累一定的经验，促进高质量就业的产生。

第二节　心理资本对职业决策困难的影响

关于职业决策困难，比较经典的解释是 Jepsen 的观点，他认为职业决策是一个决策者统筹有关个人和职业的信息，并对其进行仔细考虑，从而形成职业行为承诺的复杂认知过程。也有学者对职业决策困难做出更直观的定义，并将其形容成一种困难或难题。Gati、Krausz 和 Osipow 指出职业决策困难是指个体在职业决策过程中可能遇到的各种难题。龙立荣、彭永新指出职业决策困难是人在面临职业选择的最后决策时，不确定要从事或挑选哪个职业的困难。[①] 李西营认为职业决策困难是指个体在进行职业选择过程中可能遇到的所有困难，主要包括缺乏准备、缺乏信息和不一致的信息三个维度。[②] 还有学者倾向于将其定义为一种心理状态，赵朝霞、李秉宸在研究中结合大学生的个体特性，认为大学生职业决策困难是指大学生个体在面对职业选择时出现的暂时性不能做出决定的不确定状态。[③] 结合前人研究成果，本书认为，职业决策困难是导致个体在选择职业过程中出现迷茫、不确定状态的各种困难和问题。

大多数学者认为，心理资本在职业决策困难过程中直接或间接地发挥作用。韩旸研究发现，决策者拥有越高的心理资本，其情绪就越稳定，从而在面对职业决策困难或承受压力时能够认清自我，识别信息，并应

---

① 龙立荣，彭永新．国外职业决策困难研究及其启示 [J]．人类工效学，2000（4）：45–49.

② 李西营．大学生职业决策困难的特点及其影响因素研究 [D]．重庆：西南大学，2006.

③ 赵朝霞，李秉宸．大学生职业决策困难的结构方程模型 [J]．浙江社会科学，2013（11）：146–150，160.

对各种困难。[①]杨丽恒、母全尚、顾珍以宁夏地区大学生群体为研究对象，发现心理资本的奋发进取、乐观希望、自信勇敢、尊敬谦让四个因素对大学生职业决策困难有显著的预测作用，心理资本各维度与职业决策困难各维度存在显著正相关性。[②]除了研究两者的直接关系外，还有部分研究在多个变量间对心理资本和职业决策困难的相互作用原理做了更丰富的阐述。叶宝娟等通过实证研究发现，职业决策自我效能感在心理资本与大学生职业决策困难之间起"桥梁"作用，即心理资本既会直接降低大学生的职业决策困难，也会间接通过提高自我效能感从而降低职业决策困难。[③]

本书主要是通过对大学生专业认同和心理资本情况的调查，研究造成大学生职业决策困难的原因，并分析三者间的相互作用关系和中介效应作用路径，最终对解决和缓解大学生职业决策困难现象提出有效可行的建议。

经过对相关测量工具的多重比对和考量，最终本书采用的问卷主要参考秦攀博的《大学生专业认同问卷》、张阔等的《心理资本问卷》和李娜的《大学生职业决策困难问卷》。最终问卷共包含 37 题，除基本信息的收集外，其余问题通过正、反向提问两种方式，采用李克特 5 点计分方式，其中包含 2 道测谎题，用于剔除无效问卷和提高问卷收集质量。其中专业认同量表包含认知性、情感性、行为性、适切性四个维度。心理资本问卷包含自我效能感、韧性、乐观、希望在内的 4 个因子。职业决策困难量表分为尚未准备就绪、信息不足、信息不一致三个维度，其中尚未准备就绪表现为缺乏动力，犹豫不清，决策步骤不清楚；信息不

① 韩旸 . 大学生心理资本、应对方式与职业决策困难的关系研究 [D]. 哈尔滨：哈尔滨师范大学，2012.

② 杨丽恒，母全尚，顾珍 . 大学生心理资本与职业决策困难的关系 [J]. 中国健康心理学杂志，2014，22（4）：595-598.

③ 叶宝娟，雷希，方小婷，等 . 心理资本对大学生职业决策困难的影响：有调节的中介模型 [J]. 心理发展与教育，2018，34（1）：58-64.

足包括对自己的了解不足、对专业信息的了解不足以及不清楚如何获取信息；信息不一致代表了数据来源不可靠，内外部矛盾冲突。

通过探索性因子分析，将以上提到的原问卷中因子负荷量较低，且有可能导致被调查者因遵循社会期望而降低答题真实性的部分题项去除。一般认为信度系数的最低可接受范围是 0.65～0.7，0.7 以上比较好，0.8 以上非常好。最终问卷中包含的大学生专业认同、心理资本和职业决策困难的整体内部一致性信度均在 0.7 以上，证明信度较好。

因素与总分的相关范围是 0.590～0.917，为中高度正相关，表明相互之间概念统一，三份问卷的各因子与总分之间的相关度为 0.53～0.89，说明结构效度较好。且各部分问卷参考了经过长期实践检验的学术权威论文，在对大学生的提问方式和提问角度上均能保证可行性和合理性，因此具备内容效度。

一、大学生专业认同、心理资本和职业决策困难的现状及特点分析

本次问卷分别从认知性、情感性、行为性、适切性四个维度对大学生专业认同程度进行测量。通过平均值分析，总体平均值略高于测试中值 3.0 分，且本次调查中大学生专业认同的四个维度由高到低依次是认知性＞行为性＞情感性＞适切性。这说明大学生的专业认同度总体处于中等水平，其中认知性最高。随着时代发展和科技的进步，大学生获取和了解信息的渠道不断拓宽，已经普遍能够对所学专业有一定的认识和了解，并有所行动。但大学生的专业好感度和主观意愿较弱，对专业的适应能力不强，匹配程度不高。

大学生专业认同的总体水平处于中等，其中各因子之间存在高低之分，认知性得分最高，适切性得分最低，同时这一变量在性别、专业类别和职业培训情况上区分度较高，在年级上差异不显著，其中参与职业培训情况显著作用于专业认同的各个维度。该结果表明大学生对专业的

认识已经基本到位，但仍然不能很好地适应所学专业。高校职业规划与指导课程能够在帮助学生了解所学专业、培养专业学习热情、提高专业适应能力上起到明显作用；由于社会刻板印象的存在，以及男女生之间本身的生理构造和情绪思维差异，学生对专业的看法和情感仍然因性别而有所不同；不同专业类别的学生会因为专业特性、学习方法和培养计划等差异而对专业产生不同的情感。

本书中的心理资本变量包含自我效能感、韧性、乐观、希望4个因子，以下是对该变量的描述性统计分析：大学生心理资本及其各维度的得分均略高于中值3.0分，标准差范围是0.6～0.8，样本离散程度不高，数据较为集中。通过均值进行比较后发现，各因子由高到低排列依次是希望＞乐观＞自我效能感＞韧性。这说明大学生心理资本总体处于中等水平，且个体之间的差异不大，其中普遍能够对目标保持坚定信念，并积极寻找达成途径，但存在韧性不足的问题，即从挫败中恢复的能力相对较弱。

检验结果显示，性别以及有无工作经历和参加职业培训情况都会显著作用于大学生心理资本（$p \leq 0.05$），其中自我效能感和希望因子与这三个检验变量的差异均为显著；工作经历和职业培训作为检验变量，与乐观维度存在显著差异；韧性维度仅与性别差异显著。研究表明大学生包括自信勇敢和奋发进取在内的心理特征与其性别、工作经历和参与职业生涯规划课程的情况息息相关：男生和女生拥有不同的性格特征；工作经历一定程度上能影响大学生的性格形成过程；职业规划与指导课程能引导大学生进一步反省自我，达到自我塑造的效果。

本书将职业决策困难分为尚未准备就绪、信息不足和职业决策困难三个方面，根据李克特5点计分的计分规则，得分越接近5.0，表明职业决策困难程度越高，反之则越低，3.0分为中值。该样本统计结果显示，职业决策困难及其三个维度的得分都低于中值，且离散程度不高（SD＜1）。根据均值排序，三个维度的得分由高到低依次是尚未准备就绪＞信息不足＞信息不一致。这意味着，大学生职业决策困难的程度总体不高，其中就业准备不充分问题较为突出。

检验结果显示，性别、工作经历和职业培训均与职业决策困难之间存在显著差异（$p \leqslant 0.05$）。从性别这一分组变量来看，其与信息不一致这一因子差异显著；当设定工作经历为分组变量时，职业决策困难的各个维度均与其差异显著；在职业培训方面，尚未准备就绪和信息不足与其构成显著差异。当代大学生的职业决策困难程度受多方因素的影响，其中工作经历的有无对其影响尤为显著。

二、专业认同、心理资本与职业决策困难的相互作用分析

根据显著性判断，除了韧性与行为性、韧性与情感性之外，其余各变量相互之间都存在显著正相关性（$p < 0.01$）。根据相关系数判断，专业认同总分和心理资本总分存在显著性相关关系，但心理资本中的韧性维度与专业认同及其四维度相关性弱，其余各变量之间皆存在显著性相关关系。总体而言，专业认同与心理资本之间呈显著正相关性。数据分析结果证明，在大学生专业认同度越高、心理资本水平越高的基础上，专业认同度的提升并不能有效帮助大学生培养抗压能力和抗挫能力，两者相互作用不大。但是，具备强烈专业认同感的学生在解决问题时更有信心，也更加具备解决问题的能力；对完成目标有坚定信念和积极态度的学生也更容易对所学专业产生积极情感和学习动力，并更快地适应专业学习节奏。

心理资本与职业决策困难呈显著负相关性（$p < 0.01$）。其中，心理资本中的韧性因子与职业决策困难的各个维度相关不显著，职业决策困难中的信息不一致因子与心理资本及其各维度相关不显著，其余各因子两两之间皆存在程度不同的负相关性。根据数据分析结果可以发现，心理资本总体水平越高的大学生，职业决策困难程度越低。大学生心理特

征中的抗压、抗挫、情绪恢复能力对包括信息收集、信息判断和就业准备在内的职业决策问题影响不大；就业理念冲突和信息不对称等问题不能通过提高心理素质和情绪管理能力解决。

数据显示，大学生专业认同与职业决策困难存在显著负相关性。除职业决策困难变量中的信息不一致维度外，其余各维度皆与专业认同及其各维度存在显著负相关性。这说明大学生对专业的认可度越高，职业决策困难程度越低，但在解决信息冲突、就业认识矛盾等问题上，专业认同不能够发挥显著作用。提高大学生对专业的认识、情感、学习动力和适应能力，在一定程度上能够帮助其更好地为择业就业做准备，更有效地收集和判别就业信息，最终降低就业难度并减少选择职业时的困惑。

通过相关分析发现，专业认同与心理资本呈现显著正相关性；专业认同和心理资本分别与职业决策困难呈现显著负相关性，其中心理资本的韧性维度与专业认同及其各维度相关性弱，与职业决策困难及其各维度相关不显著；职业决策困难中的信息不一致维度与专业认同及其各维度相关性弱，且不显著，与心理资本及其各维度相关性弱，且不显著。由此可见，心理素质更高的大学生更容易对专业产生认同感，同时更懂得解决就业中遇到的难题；对专业缺乏认可或心理品质不够完备的大学生更容易在择业就业过程中产生困惑。不仅如此，韧性作为大学生心理特征参考标准之一，是比较难以改变的部分，它既不会因专业好感度的增加而增强，也不会因就业问题的增多而减弱。随着信息时代的到来，人们不断与时俱进，也越来越开放包容，在就业问题上的观念冲突或信息不对称等问题逐渐得以解决，其也不再对人们的心理建设和专业认知产生太大影响。

三、心理资本对职业决策困难的中介效应分析

本书参考温忠麟、叶宝娟有关中介变量检验的研究成果。[①] 首先，假设数据已经经过中心化处理，中介效应关系的方程关系如下：

$$Y=cX+e_1 \tag{4-1}$$

$$M=aX+e_2 \tag{4-2}$$

$$Y=c'X+bM+e_3 \tag{4-3}$$

其次，根据温忠麟、叶宝娟对中介效应的检验程序进行逐步检验。该方法通过逐步分析，依次检验自变量对因变量的总回归系数 c、自变量对中介变量的回归系数 a 和中介变量对因变量的回归系数 b，以及自变量对因变量的直接效应系数 c'。根据研究假设，此次的自变量（X）为专业认同，因变量（Y）为职业决策困难，中介变量（M）为心理资本。

专业认同对职业决策困难具有显著的负向预测作用（$F=69.307$，$p < 0.001$），最终得出的回归方程为 $Y=-0.240X+3.326$。专业认同对心理资本有显著的正向预测作用，最终得到的线性回归方程为 $M=0.458X+1.868$。专业认同和心理资本作为自变量，对职业决策困难产生显著负向预测作用，最终得到的回归方程为 $Y=-0.113X+（-0.276）M+3.842$。根据本次采用的逐步检验法，整理前文所得的相关系数，进行如下检验。第一步：检验方程（4-1）的系数 c，得到 $c=-0.240$（$p < 0.001$），结果显著，可以继续检验。第二步：依次检验方程（4-2）中的系数 a 和方程（4-3）中的系数 b，发现 $a=0.458$（$p < 0.001$），$b=-0.276$（$p < 0.001$），结果均显著，说明间接效应显著，可以略过 Bootstrap 检验。第三步，检验方程（4-3）的系数 c'，得到 $c'=-0.113$（$p < 0.01$），结果显著，说明直接效应显著。同时，因为 ab 和 c' 同号（$ab=-0.126$，$c'=-0.113$），所以是部分中介效应。检验结果显示，心理

---

① 温忠麟，叶宝娟.中介效应分析：方法和模型发展[J].心理科学进展，2014，22（5）：731–745.

资本对专业认同和职业决策困难存在部分中介效应，即专业认同可以间接通过心理资本对职业决策困难产生作用。这意味着心理资本水平高的学生拥有更强的解决问题的能力和信心，同时倾向于对失败做外部归因，对成功做内部归因，因此具备更加乐观积极的心态和更强的抗压抗挫能力，也能够对目标秉持坚定信念并持之以恒，因此在专业学习上更容易产生和发挥优势，更好地适应专业学习节奏，更全面地掌握专业知识，从而凭借专业优势和学科成绩在面试中获得更多的机会。

第三节　大学生大五人格对求职的影响

在求职过程中，求职简历尤其重要。因为很多大学生提到自己的简历投递结果都像石沉大海，他们不清楚自己的简历存在什么样的问题。招聘方因工作量大，想要详细解释为什么没有让求职者的简历通过也不实际。那么，如何得知企业的简历偏好性，如何成功在众多简历中脱颖而出便成为一个值得研究的课题。李彬、白岩通过简历实验，发现简历中不同学历的歧视问题，提出可以提高简历信息质量缩小差距的建议。[1]葛玉好、杜慧超、吴清军则采用配对简历的方法，分析出学生党员身份并不能直接证明可以获得更多的面试通知，但因为发展为党员的过程里，锻炼了沟通能力和合作能力，有更多的实习次数，而这些实习次数对面试具有决定性作用。[2]但是这些实验研究存在样本较少、招聘渠道偏集中、结果稳健性不够高、设计实验流程不够拟真化以及未考虑到人格特质偏好等不足。

本书采用简历投递实验的方法，结合大量文献，提出了以下假设。

---

[1] 李彬，白岩 . 学历的信号机制：来自简历投递实验的证据 [J]. 经济研究，2020，55（10）：176-192.

[2] 葛玉好，杜慧超，吴清军 . 大学生党员身份对面试通知的影响：基于配对简历的实验方法 [J]. 世界经济文汇，2020（4）：1-12.

假设 1：市场上的招聘方对求职者的人格特质有偏好。假设 2：外向性、宜人性、尽责性、开放性对简历通过率都起到正向促进作用，神经质对简历通过率有负向抑制作用。假设 3：管理岗位存在对某一类人格特质的偏好。本书希望为求职者的简历投递成功提供实证依据，同时为企业的招聘活动提供有效性建议。下面是实验实施的简要流程安排。

第一步，进行情境模拟模式整理简历库。首先，在校园招聘会现场随机对 10 家不同企业的招聘人员（约 20 人）进行访谈。其次，将隐私处理的具有人格特质的简历样本交由人力资源专员进行评判，并让其对简历包含的人格特质类别打分，计算平均分并选出具有代表性的大五人格简历样本。最后，完善大五人格简历库。该过程实施的结果非常符合预期。

第二步，招录志愿者进行简历投递的两次实验。首先，在学校和教师的帮助下累计招录志愿者约 300 人，按照一定的条件筛选出 10 名志愿者参与实验并成功完成实验过程。其次，关于实验岗位，本书在 3 月份的预实验中设计了管理岗和非管理岗两大类，但在预实验结果中发现管理岗和非管理岗的反馈相差不大。为了研究方便，本书只在管理岗中细分意向岗位，本次实验设置了 4 种典型的管理类岗位，分别是人事专员、文秘、行政专员和销售专员。再次，关于简历投递渠道，本书主要选择了 40 多个主流招聘平台。为了保证实验的真实性，简历投递渠道也由志愿者自由随机选取。最后，将全部简历按照人格特质分为 10 组，分别是大五人格高分 5 组和大五人格低分 5 组，累计投出简历约 4 500 份，累计通过简历约 900 份。

第三步，对比简历投递结果，分析通过的简历样本与对应的人格特质，并进行匹配筛选，使用统计软件分析实验结果并得出结论。

本实验为了达到客观公正的目标，做实验前准备充分，实验进行时采用滚动式目标管理法进行科学控制，实验结束后对结果进行了科学的数据分析。由于测定人格特质本身具有极大主观性，为避免误差，提前采取情境模拟法选取工作年限一年以上的人力资源专员，进行简历审查。

实验过程中的亮点在于，为了降低成本，达到科学合理的目的，采用了预实验法，实际实验阶段是在总结改进预实验的错误和不足之上进行的。为了使实验更接近真实情况，本实验招录了志愿者进行投递简历的过程。对简历的处理也是为了符合本次实验的目标，因此，本次数据中的关键自变量是人格特质，因变量是简历通过数的比例。本实验的简历来源真实简历，参照大五人格量表简版修改了人格特质的部分，其余信息统一随机合理化处理。例如，性别统一为女。非必要隐私信息不出现在简历之上。例如，求职者年龄、学历、专业等信息全部一致。本实验的优点在于采用志愿者使过程真实化，简历投递样本数量大，招聘渠道多，实验流程设计合理。

研究发现，市场上存在来自企业招聘方对求职者的偏好倾向性。市场上企业对人格特质的偏好性歧视只是更隐蔽，但影响很大，而且这种现象无法避免。据以往研究报道，外向性、尽责性、开放性和宜人性的人格特征对就业满意度会产生正向影响。而神经质则产生负向影响。本书支持同样的结论，具体来说，不同的企业对求职者的人格特质的选择源自具体招聘环节中招聘人员的个人偏好。但对于那些不符合招聘人员偏好的求职者就得到了潜在的偏好性歧视。除此之外，由于招聘过程中招聘方没有途径去获得所有求职者的真实生产力，因此在简历筛选的环节里，存在招聘人员根据自己的主观意向判定求职者是否符合工作要求的现象。但这种对于求职者的刻板印象做出的决策是非完全信息条件下的理性决策。

一、简历投递的实验设计

2022 年 2 月，通过访谈 20 家公司的招聘工作人员，本书获得了具有大五人格高低分代表性的简历库，然后在 2022 年 2 月至 4 月通过邮件向发布公开招聘广告的 450 多家企业投递了约 4 500 份标准格式简历。

每份简历投向 4 个岗位、10 家公司，简历内容中除了大五人格信息之外，其他内容全部随机化。

（一）创建简历库

在研究过程中，本书通过招聘网站搜集和制作了大量的求职常用的简历模板，同时从现实当中正在投递简历的人群里获取了真实简历，然后对比参照后，在简历模板中填入必要的内容，创建了接近真实的虚拟简历。为了能够制作出大量不重复且接近真实的简历，本书创建了名字库、大学库、学科专业库、各行各业的企业库（含排名）、不同岗位的实习经历库、大学生的荣誉奖励库、校园工作经历库（学生会、社团）、证书库、工作经历库等。在创建一份简历时，从每一个基本库中随机挑选出若干项内容填入。为了保证内容真实无误，笔者对每份简历进行了严格的检查与核对。例如，查询简历中设置的大学是否存在对应的专业，设置的实习企业中是否存在对应的岗位等。简历中应聘者的个人基本信息只包括姓名、性别、年龄、联系电话和邮箱，不包括个人照片、籍贯、政治面貌等可能影响用人单位筛选简历的信息。对于所有求职者的简历，纵向分为 10 个小组，其中 5 个小组是由企业对大五人格评分高的命名为高分组，另外五个小组则是低分组。为了研究方便，本书将高分组和低分组都均等分地投递同一类型的公司。考虑到模拟实验的真实性，应横向设置四类意向岗位来研究企业招聘方对人格特质的偏好，确认是否符合行业的需求。而对于这些信息，包括求职者的实习经历（或工作经历）、荣誉奖励（成绩）、学生工作经历、证书等内容都随机处理。

（二）招录志愿者培训

为了使实验更客观，笔者招录了重庆理工大学的大三志愿者来模拟真实简历投递实验，累计招录志愿者接近 300 人，按照多家公司的招聘条件具体筛选出 10 名志愿者进行培训，他们均参与且成功完成实验过程。

培训过程中，首先对志愿者讲明本次实验的目的和主要流程，提前制作出每个阶段需要准备的文书和表格等准备性工具。这些志愿者主要是大五人格的高分和低分的典型代表人，每个人都有投递简历的经验来确保简历投递过程不会出现纰漏。实验流程上，预定流程和真实流程有差异，但是实践过程是建立在志愿者知晓全过程的情况下修改的。为了实验时间充分，3月和4月两个月都作为实验时间，正好也是学校春季招聘的时间。为了保障结果的诚信，每个人都需要对自己的简历投递结果的真实性负责。

这些被招录的志愿者一共进行了两次简历投递实验。本实验分为预实验和正式实验，在3月份的预实验中设计了管理岗和非管理岗两大类。但在预实验结果中发现管理岗和非管理岗的反馈相差不大，最终选择以管理岗中细分意向岗位为主要实验投递目标对象，本次实验设置了四种典型的管理类岗位，分别是人事专员、文秘、行政专员和销售专员。

对于每一个合适的招聘岗位，笔者都会给相应的招聘单位投递一份简历，但是四种典型的管理类岗位几乎平均含有其中不同类型的简历——外倾性高、低分的，开放性高、低分的，责任感高、低分的，宜人性高、低分的，稳定性高、低分的。因为以往研究发现招聘中可能存在性别歧视，本书将性别随机化赋予四类意向岗位投递的简历中，每类岗位都收到各同等数量的男性和女性求职简历。招聘中，所有求职者设定为应届毕业生。为了讨论方便，本书只选择了本科的专业均为经济管理类专业的求职者，意向岗位虽然分别做了管理类和非管理类，但因为结果差异性不显著，因此只讨论经济管理类。

（三）简历投递

简历投递的渠道众多，其中网络求职是比较普遍的一种途径。当然，还有一些公司会要求求职者通过邮箱投递简历，一些公司在开宣讲会的时候接收简历，一些公司会做现场笔试或者初试。还有一种常见的方式是大型招聘会。内部推荐则是投简历比较高效的一种方式。

本次实验主要以电子邮件等线上形式向用人单位发送简历。本书主要选择了 40 多个主流招聘平台，这可以保证实验结果更加稳健。在投递目标单位的选择方面，为了充分了解市场情况，本书将全国主流城市作为本次实验的主要目标城市，为了避免地域歧视的混杂，实验投递简历选择校企地点一致。志愿者每天从各个招聘渠道检索实验所需要的招聘广告，在记录用人单位的名称、招聘岗位和简历投递邮箱的同时，记录了企业的一些背景（所有制类型、企业规模等）以及招聘广告的学历要求。为了尽可能保证招聘方能够在相近时间看到所投递的简历，并且接收到的时间尽量分散，实验组选择在每天 18 点之后到第二天 9 点之前的下班时间内，以适当的时间间隔将等数量的简历投向同一类别用人单位的邮箱中。

（四）记录简历回复数量

用人单位接收到简历之后，通常会以拨打电话、发送短信或邮件回复的形式向应聘者传递面试（或其他类型初试）邀请的消息。志愿者将记录其所代表的虚构简历求职者是否进入面试，以及对应的反馈时间和公司名称。志愿者不会立刻拒绝面试邀请，因为为了模拟思考时间，志愿者会在简历反馈通知后一天依次回复招聘单位不再参加面试或笔试。

最后将记录简历回复的信息整理到表格上，后期利用统计软件对表格数据进行回归性分析，结合图像得出结论。

（五）样本分析

本实验通过企业邮箱和各类招聘软件向招聘企业投递了简历，从多个维度描述了高分组简历和低分组简历（约 4 500 份简历投递样本）对四个岗位的回复率差异情况。简历总投出数约 4 500 份，累计通过数（回复数）约 900 份。

首先，高分组求职者是低分组求职者简历回复率的 1.34 倍，且卡方检验在统计上是显著的。这意味着企业对人格特质的偏好性存在，与本书的假设 1 一致。其次，整体而言，具有高分的大五人格特质的求职者收到回复的概率更大，与假设 2 一致。本书将简历回复数量与简历投递总数量做比值计算简历回复率，简称回复率。对比而言，本次实验横向上看，简历总回复率为 20.68%，行政岗总回复率为 7.01%，人事岗总回复率为 5.19%，文秘岗总回复率为 4.54%，销售岗总回复率为 5.34%。整体回复率上，行政岗回复率高于其他三个岗位，文秘岗回复率最低。

通过对整体数据纵向回归分析可以看出，整体上大五人格得分高的回复率高于大五人格得分低的，这在一定程度上证明了假设 2：外向性、宜人性、尽责性、开放性对简历通过率都起到正向促进作用，神经质对简历通过率都有负向抑制作用。通过对大五人格的简历通过回复率对比分析可以看出，回复率最高的是高稳定性的简历，回复率为 28.61%，其次是高开放性的简历，回复率为 28.00%，二者与总样本回复率的对比由 1.38 下降到 1.35，下降了 0.03 个百分点。而回复率最低的是低宜人性的简历，回复率为 12.05%。从波动情况来看，高分组的回复率波动较小，低分组的回复率波动较大。打破日常常识的结果是，低外倾性的简历也受市场偏好，低外倾性的简历回复率反而高于高外倾性的简历回复率。大五人格的高低组对比中，只有外倾性这一特质是得分高的回复率低于得分低的回复率，其余都是高分组的人格特质的回复率高于低分组的人格特质的回复率。

二、岗位对人格特质的偏好研究

通过对简历回复率进行分析可知，简历平均回复率为 20.68%；行政岗回复率最高，为 7.01%；其次是销售岗回复率，为 5.34%；再次是人事岗回复率，为 5.19%；最后是文秘岗回复率，仅为 4.54%。下面将分别对四个岗位回复率进行分析，探究不同人格特质对该岗位的吸引力，即探究不同岗位对人格特质偏好程度。

（一）销售岗位对不同人格特质简历的回复率

销售岗的优秀工作人员应该具备良好的人际交往能力和较强的沟通能力，应该已经了解和储备了国家对本行业的有关政策知识和了解了交易流程基本事项。本书根据销售岗的简历回复率相关数据，得到以下结果：从简历平均回复率为20.68％来看，销售岗对各种人格特质求职者都相对包容。其中只有低责任感、低宜人性和低稳定性三种人格特质的简历回复率低于简历平均回复率。销售岗位更青睐于具有高稳定性人格特质的求职者，其简历通过率高达38.89％。其次是高责任感和高外倾性，二者的简历通过率分别是34.55％和33.00％。销售岗最反感低责任感的求职者，简历通过率为15.45％。从整体上分析，虽然销售岗更欢迎得分高的人格特质的求职者，但对于宜人性人格特质而言，高分的宜人性人格特质对于帮助简历通过并不占优势，此外，销售岗也反感宜人性得分不高的求职者，因为宜人性低的简历通过率也比较低，只有16.36％，只比低责任感的回复率高0.91个百分点。

由以上数据可知，销售岗对各种人格特质求职者都相对包容是因为销售行业目前是一个热门行业，由于工业技术的发展，供过于求已成为一个现象，要想把商品售卖出去获得利润就需要足够的销售人员。因此，销售岗对员工的需求量较大，自然对人的要求降低。此外，销售岗位也更青睐于具有高稳定性人格特质的求职者，但就宜人性人格特质而言，高分的宜人性人格特质并不占优势。宜人性虽然是一个好的人格特质，但是在销售岗表现得过于温柔亲和，可能会错过销售机会，而销售工作更需要的是与陌生人打交道，将产品销售出去的能力。此外，较低的宜人性不利于团队合作，因此也会遭到销售岗位招聘方的拒绝。

（二）人事岗位对不同人格特质简历的回复率

优秀的人事专员，应该了解国家各项劳动人事法规政策，能够吃苦耐劳、工作细致认真、原则性强，有良好的执行力及职业素养，有强烈的责任感和敬业精神，公平公正、做事严谨，能承受较大的工作压力。本书结合人事岗的有效数据，得到以下结果：从包容度上看，对比20.68％的简历平均回复率，人事岗位对各种人格特质的求职者的包容程度没有销售岗位大。人事岗更包容高分组中的开放性、外倾性、宜人性和稳定性。从回复率数据对比上看，人事岗位更青睐于具有高宜人性人格特质的求职者，其简历通过率高达32.00％。其次是低外倾性，简历通过率是25.45％。人事岗最反感的人格特质为低开放性、低责任感和低宜人性，具有这些人格特质的求职者的简历通过率分别为14.55％、13.64和8.18％。人事岗对宜人性人格特质的求职者的态度差别最大。人事岗最欢迎高宜人性的求职者，最反感低宜人性的求职者，之间相差了24个百分点。

由以上数据可知，人事岗位对各种人格特质的求职者的包容程度没有销售岗位大。人事岗更包容那些高分组中的开放性、外倾性、宜人性和稳定性，因为高开放性的人可以保持持续的学习能力，高外倾性的人可以促进人事工作中与人打交道的功效，而高宜人性则可以促进员工之间相处融洽，高稳定性保障了员工的工作能力和工作结果。人事岗青睐具有高宜人性人格特质的求职者，反感低宜人性的人格特质的求职者，因为人事岗比较重要的工作就是和人沟通交流。人事岗更欢迎高外倾性和高稳定性的求职者的原因是人事岗是与人打交道的，外倾性越高，越容易与人沟通；而高稳定性则可以保持情绪稳定，适合人事岗的工作。

（三）文秘岗位对不同人格特质简历的回复率影响

文秘岗的人员一般需要培养以下能力：表达能力、执行能力、协调能力、管理能力和专业能力。本书根据文秘岗的简历回复率相关数据，得到以下结果：从包容度上看，文秘岗位对各种人格特质的求职者的包容程度都较低，文秘岗位对求职者本身素养要求很高，只对高开放性、高责任感、高稳定性以及低外倾性人格特质的求职者比较包容，但具有这些特质的求职者的回复率相对于 20.68％ 的简历平均回复率并没有高出多少。从回复率数据对比看，文秘岗位对责任感低的人格特质的求职者最为反感，其简历通过率仅为 8.18％。文秘岗回复率较低的几大人格特质分别为高外倾性、低开放性、低责任感和低稳定性，简历通过率分别为 13.00％、17.27％、8.18％ 和 14.55％。文秘岗位并不欢迎高外倾性的人格特质的求职者，反而更青睐低外倾性人格特质的求职者，甚至高外倾性人格特质的简历回复率低于建立平均回复率，这一情况不支持假设1：高分组的人格特质更受市场偏好。

由以上数据可知，文秘岗位对各种人格特质的求职者的包容程度很低是因为文秘所需要的员工数量并不多，而且文秘岗位的工作较为枯燥且需要任职者富有耐心。这体现出文秘岗位对求职者本身素养要求较高。文秘岗对高开放性、高责任感、高稳定性以及低外倾性人格特质的求职者比较包容，而这些特质也有利于文秘工作。文秘岗位对责任感低的人格特质的求职者最为反感是因为文秘工作需要严谨的工作态度。只有个体保持认真的心态才可以将工作做好。文秘岗位并不欢迎高外倾性的人格特质的求职者，反而更偏向于低外倾性的人格特质的求职者，这是因为文秘的日常工作不是与人打交道，而是一些事务性工作。

（四）行政岗位对不同人格特质简历的回复率

行政岗位的工作人员应具有大局意识，要随时掌握自己所在行业的新政策、新动向、新名词和新说法。本书根据行政岗位的简历回复率相关数据，得到以下结果：从包容度上看，对比 20.68％ 的简历平均回复率，行政岗位对各人格特质的包容性趋向于支持以往研究结论，即高分组的人格特质更受行政岗的青睐，而低分组的人格特质相对不受欢迎。除了低外倾性的人格特质的求职者获得了 24.55％ 的回复率，超过了平均简历回复率，其余低分组的人格特质的简历回复率均低于平均简历的回复率。对于高分组人格特质而言，从回复率数据上看，行政岗位更青睐具有高稳定性的人格特质的求职者，其简历通过率为27.78％。其次是具有高开放性的人格特质的求职者，其简历通过率为26.35％。而具有高外倾性的人格特质的求职者，其简历通过率为20.00％，略低于简历平均回复率。对于低分组人格特质而言，行政岗位对低责任性的求职者最反感，其简历回复率只有11.82％。而对低宜人性和低稳定性的人格特质的求职者的回复率也较低，分别为16.36％和18.18％。

由以上数据可知，行政岗对各种人格特质的包容性趋向于支持以往研究结论。高分组的人格特质更受行政岗的青睐，而低分组的人格特质相对不受欢迎。高分组的人格特质也具有更大的优势，对于行政岗位上繁多而复杂的工作而言，高分组的人格特质更符合行政岗位工作的需要。行政岗位更欢迎具有高稳定性的人格特质的求职者，因为高稳定性人格特质的人更能在高压状态下高质量地完成工作内容，这是行政岗需要的特质，而这一类人也是行政岗需要的员工。行政岗不敏感的是高外倾性的求职者，而且对低责任性的求职者反感，因为行政岗的工作往往作用意义很大，会负责很多机密性文件工作，需要员工对其承担责任，而外倾性过高的人，并不适合这一枯燥工作。

综上分析，销售岗对各种人格特质的求职者更为包容，而人事岗、文秘岗以及行政岗对各种人格特质的求职者要求相对更为严格。人格特质中的外倾性表现出不支持以往大部分研究学者的结论，即高分组的人格特质可以促进工作绩效或工作表现。除了人事岗位对具有高外倾性人格求职者表现出欢迎以外，其余岗位并不欢迎高外倾性的人格特质的求职者。高稳定性人格特质在销售岗、文秘岗和行政岗都是更被偏爱的求职者类型，但人事岗则更欢迎宜人性高的求职者。

三、企业对人格特质偏好研究

要想探究企业究竟对什么样的人格特质更加偏爱，就需要对样本简历进行回复率统计来研究企业对人格特质偏好敏感性，预先根据卡方检验得知人格特质对简历回复率的影响关系显著，接下来进一步通过数据计算分析敏感性。首先，通过对简历的人格特质进行匿名打分来给简历分类，获得五类高、低分的不同的人格特质简历组别，再统计每个组别简历的简历回复率。其次，通过对比同一类人格特质简历回复率的高低分差值来判断企业对人格特质偏好敏感性，定义为高低差值分越大，企业对这一类的人格特质越敏感，然后将各自的回复率与全部简历总样本对比来佐证分析（以高分组为标准）。分析可得：高分组简历的回复率要高于低分组简历的回复率，与总样本比较相差 35 个百分点，相差较大。企业对高分组简历敏感性大于低分组简历，也就是说，企业更关心那些具有得分高的人格特质的简历（将稳定性替换为大五人格常用的神经质）。企业对宜人性和责任感的敏感度最大，二者与整体样本比率高分组差值均为 0.64 个百分点，相差最大。责任感样本回复率为 18.86%，高分组的回复率为 25.45%，而低分组回复率仅有 12.27%。宜人性样本回复率为 18.33%，高分组回复率为 25.25%，低分组回复率为 12.05%。企业对外倾性的敏感度最低，与总体样本的比率相差 0.15 个百分点。外倾性总样本回复率为 24.17%，高分组回复率为 22.50%，低分组回复率为 25.68%。

由前面分析可得，企业更偏好高稳定性的人格特质，而敏感性研究中发现，通过高低分差值比较，企业对宜人性和责任感的敏感性最大。为了进一步探究企业对具备哪一种人格特质的简历更偏好，本书采用简历回复率做因变量，使用线性回归模型对简历样本进行回归分析，通过是否控制岗位、性别和专业来检验这些外生变量是否干扰了人格特质对简历回复率的影响。因为实验中有 20% 的招聘企业没有任何回复简历的消息，所以无法判断这些企业是否有任何形式的偏好行为，而对全样本的回归分析实际上是把这一部分简历看作未通过处理。因此，本书将样本缩小为回复过投递简历的企业，共计289家企业，4 203个样本。结果发现与描述性统计结果一致，全样本回归分析结果显示：无论是否控制其他变量，外倾性高的简历都会显著降低简历的回复可能。外倾性越高，越不受企业欢迎，外倾性偏低则更受企业偏好。在控制了简历投递岗位、性别、专业等变量之后，同一人格特质的简历回复率差异上升47%，这一结果证实了企业的确对简历有人格特质偏好，符合假设1。尤其是控制岗位后，不同人格特质简历对回复率的影响显著性更明显。但是否控制性别对二者关系的影响不大。在控制其他变量之后，简历得到回复比例的差异由全样本的47%上升为54%。企业对高稳定性人格特质的简历偏好程度也进一步扩大，高分稳定性回复率显著。

第四节　提升大学生心理资本的对策

一、通过入学教育培养学生积极心理资本

（一）合理安排新生入学教育的时间节点

国内不少高校的新生入学教育一般是在新生入学后第一周或第一个月内完成的，主要是对新生进行角色过渡、适应大学、心理健康、理想信念等相关内容的教育。但这种时间短、内容多、针对性弱的教育方式的效果甚微，学生虽然参加了许多活动，但由于主题分散，所以依然会因为找不到方向而感到迷茫。

重庆理工大学高度重视新生入学教育，将其列为全程化大学生职业生涯规划教育体系的第一环，也是就业力培养机制的第一步，所以，新

生入学教育的重点不在于他们到校后的专业教育，而是在他们还未到校时的"学前"教育和后续的"生涯规划"教育以及"就业与创业"教育，入学教育只有放在这个系统中才是有意义的，才能发挥其应有的作用。

"学前"教育是重庆理工大学全程化大学生职业生涯规划教育体系的前伸，该校在给每位新生寄发录取通知书的同时附带了一封信，并给每位新生布置了一份作业，要求他们总结自己的高中生活，并对未来的大学做出初步的规划，此外，还要求他们采访一位身边比较熟悉的职场人士，让其对自己的大学生活提出有针对性的建议。这种"学前"教育的方式，可以引导准大学生思考如何度过四年大学，如何将自己的专业和未来的职业联系起来，如何在大学中坚持自己的目标。这种形式启动早，能充分调动学生的参与性和主动性，使学生更早地谋划和体验大学生活，消除对专业的迷茫，更有针对性地探索未来可能的就业方向。

（二）明确新生入学教育的目标

引导新生关注其未来职业方向，通过对愿景的规划和追求来合理安排大学时光是新生入学教育的目标。各学院根据不同的专业特色和学科背景、行业发展趋势和学习方法对新生做出了各种有针对性的教育活动，从刚开始就关注对学生就业力的方向性培养。

例如，重庆理工大学电子学院举办的"电子人生梦想起航"新生入学教育系列活动，就由"我爱电子"新生专业教育会、"沟通无限"新生家长座谈会、"成功属于我们"经验交流会、"我最可爱的同学们"上好新生第一课、"高举团旗跟党走、青春献礼党代会"等主题教育活动共同构成。

又如，重庆理工大学汽车学院主办的"写给未来自己的一封信"主题教育活动。该教育活动共分为五个阶段：职业生涯规划知识系列讲座、视觉形象设计大赛、活动启动仪式、主题班会、交流与总结。"写给未来自己的一封信"活动以一种创新的思路、以学生更加容易接受的方式，引导学生为自己设立一个一年期的目标，以书信的形式写下来，并引导学生向自己树立的目标努力，争取在一年后达到自己的目标。一学年后，学生通过读信能够进行自我思考，发现自己的不足之处和有待改进之处，并进行调整，缩小与目标的差距。这样的活动对于学生的成长成才就业质量的提高、学院的学风建设有积极意义。

再如，重庆理工大学机械工程学院组织了"机械专业专题教育""大学英语四级学习应试技巧和策略""如何规划大学生活"等一系列导学活动，从机械工程学科是该校建立最早、开办专业最多的学科之一讲起，引导学生认识专业魅力，同时鼓励学生踏实学习，积极参加机械设计创新和机械制图大赛，提升专业素养，积累专业实践经验。此外，励志讲坛"如何规划大学生活——我的求学之路"邀请了校友邹政作报告。邹政以自己的求学之路为例，为广大学生在大学学习和生活上提出了多项切实的建议，引导学生积极参加各项实践活动，鼓励学生勇于迈出自己走向社会的第一步，树立明确的目标，用踏踏实实的行动实现理想。

（三）构建校院联动的教育机制

在这一阶段，班导师可以通过新生入学教育、校史文化教育、参观、主题班会等方式帮助大学生了解本校的历史变革和文化底蕴，学生在这些活动中能够建立归属感、认同感和使命感，能够更好地理解大学和更快地融入周围的环境；各学院学生办公室的辅导员可以通过对学生日常事务的统筹和规范引导大学生养成良好的学习、生活习惯；专业系教师则可以通过不同的课程和专业认知讲座培养学生的学习兴趣，激发学生的学习动机，学生在专业系教师的引导下能够了解自己所在学院的专业设置、课程内容、发展方向和未来的就业情况等，对自己的大学生活有一个基本的规划和方向；学生处心理健康中心可以通过心理健康课程、定期的心理状况普查和危机干预、心理健康讲座和团队辅导等方式培养大学生积极健康的心态，引导他们正确认识自己、建立良好的人际关系、通过合理的方式缓解压力和释放情绪。在学校和学院两个层面上，在班导师、辅导员、专业系教师三者的共同帮助下，学生能够强化专业思想，树立热爱科学、追求真理、求实创新的精神，顺利融入大学生活，完成从高中生到大学生的转化。

二、培养学生积极的人格品质

根据大五人格的简历通过回复率得出的结果可以得知，回复率最高的是高稳定性求职者的简历，其次是高开放性求职者的简历。在工作当中具有稳定的人格特质是保障工作效能的基础。一个人越稳定成熟，其工作能力也会越得到发展。此外，高开放性可以保持学习状态也是当今工作当中的一种重要能力，因为当下时代是信息化时代，人工智能以惊人的速度改变着整个世界，与之伴随的是，知识更新迭代的速度也比过去任何一个时代要快，因此个体必须学会接受新事物，不断保持学习能力。接受环境的影响才能够有效补足工作上的短板。从波动情况来看，高分组的回复率波动较小，低分组的回复率波动较大。有学者研究指出，人格特质得分高的更有利于工作效能、工作绩效以及工作表现，所以从整体上而言，高分组的回复率波动较小，而低分组的回复率则呈现出波动较大的现象。低外倾性的简历也很受市场偏好，低外倾性的回复率反而高于高外倾性的简历通过回复率。大五人格的高低组对比中，只有外倾性这一特质是得分高的回复率低于得分低的回复率，其余都是高分组的人格特质高于低分组的人格特质。高分组简历的回复率要高于低分组简历的回复率是因为人格特质中高分组特质更有利于工作，能够为企业带来更多的利益。而低分组的人格特质，如神经质、低宜人性、低开放性等都是不利于人的成长发展的，同时不利于工作展开。所以，市场上对低分组简历回复率偏低是合理的。结果也显示市场对宜人性和责任感的敏感度最大。从逻辑上讲，宜人性越高，组织越团结，工作进行也越顺利，工作气氛越融洽，而责任感越高的人一般对工作也会认真。这一类人通常受企业的欢迎。

本书通过投递简历的实验发现：不同的企业对人格特质有着不同的偏好；在招聘中，高分组简历收到的回复率显著高于对应低分组简历，相反，低外倾性的简历也很受市场偏好，低外倾性的简历回复率反而高于高外倾性的简历回复率，某些岗位对外倾性的欢迎度不高，这可能是因为某些工作并不需要和人打交道，也不需要求职者有较多的社交技能；在管理岗位上，稳定性人格特质最受偏爱；在全部简历中，回复率最高的是高稳定性的简历，回复率最低的是低宜人性的简历。由以上分析可知，求职者应该培养自己情绪稳定、工作状态稳定等关于自我稳定性的人格特质，并将这些信号通过简历传达出来，让招聘方注意到，以增加简历通过的可能性。此外，求职者应规避低宜人性的特质。无论什么工作，求职者不仅要展示自己的专业技能和知识，还应该展示出自己具备宽容、好相处等宜人性特征。人格特质得分高的更有利于工作效能、工作绩效以及工作表现，所以从整体上而言，高分组的回复率波动较小，而低分组的回复率则出现波动较大的现象。市场对高分组简历敏感性大于低分组简历；高分组简历的回复率要高于低分组简历的回复率是因为人格特质中高分组特质更有利于工作。

不同的岗位对人格特质有着不同的偏好，销售岗对各种人格特质的求职者更为包容，而人事岗、文秘岗、行政岗对各种人格特质的求职者要求相对更为严格。如果没有明确的意向岗位，在不确定自己的人格特质适合什么岗位的时候，销售工作将是一个不错的选择，销售岗对各种人格特质的包容性更大，简历通过率也会更高。人格特质中的外倾性表现出不支持以往大部分研究学者的结论，他们认为高分组的人格特质促进工作绩效或工作表现。除了人事岗位对具有高外倾性人格求职者表现出欢迎以外，其余岗位并不欢迎高外倾性的人格特质。求职者如果感觉自我外倾性人格比较明显，在管理岗位的众多岗位上，人事岗位将是个不错的选择。高稳定性人格特质在销售岗、文秘岗和行政岗都是更被偏爱的求职者类型，但人事岗则更欢迎宜人性高的求职者。本书建议准备从事管理岗位的求职者多注意表现自己的高稳定性、高宜人性、高开放性、高责任感，而对于外倾性则不需要表现太明显。

因此，对于求职者而言，首先要充分了解自己的人格特质，其次要了解自己心仪行业对求职者的人格特质的偏好性。例如，管理行业普遍对高稳定性人格特质的求职者更青睐，人事岗对外倾性和开放性的员工更偏好，而销售岗则对各种得分高的人格特质比较欢迎，唯独对外倾性人格特质反感。求职者需要培养自己的高稳定性和展示出自己高责任感的一面，这样更容易使简历通过。

三、完善生涯规划教育的指导与服务

提高生涯适应力不仅是大学生自己的事情，还需要高校的积极支持，为提高大学生生涯适应力创造条件。高校是大学生踏入社会的中间环节，在提高大学生生涯适应力方面发挥着重要的作用，本书通过因素分析法对大学生生涯适应力进行探索得出了研究结果，并根据研究结果提出了相应对策。

第一，向大学生宣传正确的生涯观念。生涯适应力四个维度的得分不一致，其中生涯控制得分最低，表明当代大学生对未来没有信心，当自己遇到问题和挫折时，自己没有能力和信心去处理好这些出现的问题。但是，未来是变化发展的，遇到不确定的事情非常多，这是不可避免的，因此，在高校生涯辅导工作中，相关人员可以多宣导发展的生涯观念，促使大学生改变已有的观念，协助他们树立正确的生涯发展观，让他们对未来充满信心，以乐观开放的心态去了解和接受生涯中的不确定，去改变可以掌控和预测的事情，如提高自身的生涯能力，无论外界如何变化，都能较好地应对。

第二，在大学教育中增加生涯适应力课程，在职业规划课程中增加生涯适应力培养部分。随着就业问题的严峻，高校早已开始重视起职业生涯规划对大学生就业和未来工作的重要性，所以目前我国大多数高校已经开设了职业生涯规划课，但是一些高校的职业生涯规划课程流于形式，负责这门课程的教师也仅仅是为了上完课程，没有充分地去看待生涯适应力的重要性。因此，本书建议高校在以后的生涯辅导中根据四个维度设计不同的课程，以提升大学生对未来生涯的关注，全方位地提升大学生的生涯适应力。

第三，提供生涯适应力咨询服务，在心理健康咨询中心增加专门的生涯适应力咨询服务。目前我国高校有职业咨询、心理咨询，却没有专门的生涯问题咨询服务，更没有设计专门的生涯咨询部门，生涯适应力问题咨询和服务处于空白状态。生涯咨询辅导是提升大学生生涯适应力的有效方法和途径，高校可以加大投入，在心理健康咨询中心增加生涯咨询服务，这样可以节约成立独立部门的费用。生涯咨询服务相比职业生涯规划课更有自主性，会针对咨询个体给出不同的意见，同时，在心理健康中心增加生涯辅导服务可以一举两得，如有些学生因为生涯适应力问题引发心理问题，在这个时候就可以就心理问题和生涯适应力问题同时咨询。因此，高校应该引进专业的生涯适应力咨询与辅导教师来发挥其对生涯适应力的咨询干预作用，并进行规范化的管理。

第四，强化实践对大学生生涯适应力的提升作用。本书通过研究发现，有实践活动的大学生的生涯适应力得分要高于没有社会实践活动的大学生的得分，所以高校需要重视实践活动对生涯适应力的提升作用。上大学不仅是为了学习书本知识，提高个人理论文化水平，还应该提高个人实践能力，使自己更快地适应社会和职场。所以，高校应增加实践教学环节，多给学生创造实践活动的机会和渠道，如通过校企合作、校友资源等途径为学生提供见习和实习的机会，让学生在假期多多实践；还可以邀请职场人士进校开展职场讲座，让学生尽早知道职场的内容和情况，同时对学生关心的问题进行解答。高校通过开展这些多元化的实践教学活动，可以有效提高大学生生涯适应力。

第五，区别对待不同年级大学生的生涯适应力问题的需求。本书通过研究发现，不同年级学生在不同维度上得分不同，说明不同年级学生的生涯需求是不一样的，所以应该针对不同年级的学生采取不同的生涯措施。大一学生刚刚从压力较大的高中进入自由的大学，他们对未来充满憧憬，因此高校应多提供与专业、大学生活等相关的信息，让他们对未来有了解并且有信心，相信自己能处理好未来的生涯问题；在大二阶段，学生对自己的专业有了更多的了解，他们需要更多的社会实践去探索未来的职业方向；大三需要考虑毕业去向这一问题，即自己是考研、就业还是考公务员，所以，针对大三学生，高校应该多提供不同选择的利弊信息，或者在条件允许的情况下针对个人进行个性化的职业辅导，让他们能够在大三经过分析做出选择，然后为了自己的选择去做准备，这样大四的时候就会减少迷茫；对于大四学生，这个时候是找工作的时期，他们更多会关心找工作的问题，因此学校除了提供与就业相关的资源和信息之外，还可以增加简历撰写、求职礼仪、校招注意事项等讲座和培训，让他们提前做好准备，树立找工作的信心。所以，高校针对不同的年级的需求提供有针对性的辅导方案，可以帮助学生们克服生涯发展的问题。

第五章　大学生职业生涯规划课程设计研究

第一节　大学生职业生涯规划课程教学情况

近年来，高考改革不仅改变了高中的课程设置，而且对大学职业生涯规划课程产生了一系列的影响。高考改革赋予了学生对专业选择的更多自主权，把"一考定终身"变为生涯规划前置。[①] 这就要求高中生具有良好的自我探索、高校专业教育信息与职业信息的搜寻、判断与决策的能力，这些原本是大学职业生涯规划课程的内容正在慢慢向高中渗透。在高中生涯规划课程建设成为政策热点的同时，越来越多的高中生能够以各种形式了解与探索自我的规划与发展，大学职业生涯规划课程在内容与形式上与高中阶段区分开来并体现高中与大学在生涯发展主题上的连贯性与阶段性就成为高等教育研究的新课题与新方向。

自从"无边界职业生涯"概念作为当代职业生涯研究的新视角被提出来后，国际和国内对大学生的培养提出了更新、更高的要求。传统的职业生涯规划教育秉持"为了职业的教育"，认为职业生涯规划教育的

---

① 樊丽芳，乔志宏.新高考改革倒逼高中强化生涯教育 [J].中国教育学刊，2017（3）：67-71，78.

目标应该是"为就业做准备"。而在信息经济时代，组织生存的外部环境正在发生前所未有的变化。这种变化意味着工作转换和职业转换将伴随着个人职业生涯发展的各个阶段，随着岗位流动性的日益增强，雇主更注重具有迁移性的通用能力或软能力。传统的针对具体岗位进行的就业导向的职业教育逐渐被基于学生发展导向的生命历程的生涯教育所取代，职业生涯规划教育更关注学生本身的生涯发展，更加聚焦于大学阶段的生涯发展主题，即在经历社会变革中整合时代发展趋势、社会需要与个人职业生涯计划。

可见，大学职业生涯规划课程内容的变革既是新的研究方向，又是现实需要，在高考改革的驱动下，显得越来越迫切。如何基于当代生涯发展的理论与实践，从学校实际和学生个体发展的现实需要出发，科学地进行生涯规划课程内容的设计；开设怎样的生涯规划课程能有效推动大学生主动地进行自我探索与职业探索，帮助大学生达成学业成长和职业成长的生涯任务，都已成为教育界关注和研究的主题。

本书以梳理大学生职业生涯规划课程建设的相关文献为逻辑起点，对高校职业生涯规划课程的研究趋势和当代转向进行初步分析和解读。为了进一步了解高校大学生职业生涯规划课程开设和实施的具体情况，笔者走访了重庆市不同层次、有代表性的高校，深度访谈了各校负责职业生涯规划课程的专兼职教师，搜集了已取得一定成效的职业生涯规划课程开发案例，分析了其课程特色、设计理念、内容选择、教学模式等。因此，基于课程设计理论与职业生涯规划课程的实践调查，为大学生职业生涯规划课程变革找到明确化的设计原则、实践策略，是本书拟解决的关键问题。

一、文献分析视角下的高校职业生涯规划课程

2007 年教育部印发《大学生职业发展与就业指导课程教学要求》的

通知后，国内有关大学生职业生涯规划课程的实施困境和变革路径的探讨明显增多。有的研究聚焦职业生涯规划的理念、原则和思想层面进行课程内容的改革，也有研究从课程实施和资源整合的角度进行课程设计探索，提倡灵活多样的课程实施路径。这些研究中既有宏观层面的探讨，如基于后现代生涯发展理论、积极心理学、全生命周期理论，与以大数据的挖掘和利用为代表的新兴信息技术的应用相结合来构建全程化、系统化、规范化、专业化的大学生职业生涯规划课程教育系统，也有微观层面的分析，如从师资队伍、教学理念、教学内容、教学方法、考核方式等方面着手进行的分析。具体来说，有以下几个层面。

在宏观上，课程教学理念和目标设置重在用基于建构主义的后现代生涯咨询理论取代传统的职业咨询理论，改变以静态匹配为标志的特质因素论，强调职业生涯的变化与不确定性，注重激发学生的学习动力，注重引导学生明确未来目标和期待从而采取相应行动。有的研究者认为，传统生涯课程的设计思路是要回答"去哪里"，即先清楚"我是谁"（自我探索），再了解"有哪些"（职业探索），最后决定"去哪里"（职业决策与规划行动）。然而，现实中更真实的生涯发展历程是，有些人本来并无目标和理想，借由本能的好奇心和天赋开始学习，不断积累经验，从经验带来的结果中形成对自我的判断；通过自我概念选择新的行动目标，形成新的经验。这个过程不断往复，生涯的疆界不断扩大。因此，生涯教育课程的思路应从传统的匹配观转换到后现代生涯理论的重视适应和发展，改确定长期目标为抓住当下发展机遇。[①] 有的研究者意识到高校职业生涯规划教育应坚持以学生发展和生命历程为导向，生涯发展是随着生涯任务的变化而有机融合、逐步过渡、系统衔接的过程，不能片面、机械、割裂地将生涯发展的教育和辅导任务停留在某个阶段或某个

① 阮娟.后现代生涯理论视野下的高校生涯教育改革[J].江淮论坛，2017（6）：127–131.

时期。① 还有的学者提出基于生涯混沌理论的课程教学理念：生涯发展的非线性特征告诉人们，长期的生涯行为是难以预测的，而现实中完全按照自己规划的方向依次展开的生涯发展过程也是很少见的。不要急于让学生做规划；尽量不做太久的规划，而是做中、短期的规划；规划可以有一个大体的方向，而不一定是具体的职业。② 总的来说，大部分学者普遍认同大学生涯教育的课程目标定位，即帮助大学生建立起职业生涯发展的自主意识和远大的职业理想，使他们树立科学的世界观、积极的人生观、正确的价值观和职业观，基本了解职业发展的阶段特征，较为清晰地认识自己的特性、职业特性以及社会环境，了解职业世界，并掌握自我探索技能、信息搜索与管理技能、生涯决策技能以及各种通用技能，特别是提高职业经营能力与职业调适能力，获得全面发展，实现可持续发展。③

在中观上，课程的教学内容设计一般分为三个部分：自我探索、职业探索和职业决策。具体课程内容应包括自我评价、职业认知、确立目标、职业定位、行动与反馈、评估与调整等。陈文举通过几大模块来设计课程内容，认为课程内容应包括八个模块：价值辨析模块、体验模块、基础知识模块、就业指导模块、创业指导模块、职业生涯设计模块、职业素质培养模块、探究模块。④ 张文建议在整合原有课程内容的基础上进行创新，组成四个教学模块：现代人生哲学、职业生涯规划、职业素质培养及择业谋职指导，使之构成一个由既各自独立又相互衔接，有序递

① 项炳池 . 我国高校职业生涯教育的发展基础及当代转向 [J]. 高校教育管理，2017，11（3）：105-111.

② 高艳，王瑞敏，林欣 . 基于生涯混沌理论的大学生职业生涯规划课程设计 [J]. 高教探索，2017（12）：119-123.

③ 张文 . 大学生职业生涯教育课程体系改革与创新 [J]. 大学教育科学，2017（1）：110-116.

④ 陈文举 . 大学生职业生涯规划与课程构建思考 [J]. 中国成人教育，2009（20）：8-9.

进、分段实施的四个教学模块所组成的完整系统体系。①

在微观上，课程实施运作呈现多元化但又有整体性趋同的态势，有渗透式教学，有多样化的团体辅导和学校特色活动，有生涯规划教育通识课程、主题班会、专题讲座、社团活动、个人生涯咨询与指导，也有通过项目活动方案的形式让学生置身于真实或模拟的情境中。例如，通过举办生涯角色扮演、生涯人物访谈、企事业单位参观、职业体验与模拟等活动，促进学生在认知、行为、情感和观念等方面的发展变化。其中，大一、大二以主题班会、生涯规划课程为主，以专业导论课程、职业测评、"沙盘体验"等灵活多样的教育工具和教育形式，引导低年级学生进行初步的、全面的自我探索和专业探索；大三、大四则以职业实践、专业实习、素质拓展、就业指导等形式进行专题辅导和个性化辅导。

综观高校职业生涯规划教育课程研究现状可知，虽然许多研究围绕高校职业生涯规划课程建设进行探索，学校实践领域的经验成果也越来越丰富，但仍存在不足之处：第一，高校职业生涯规划课程建设在课程目标设计和内容选择方面，缺乏统一的设计原理与科学的理论基础，存在生搬硬套的现象，对于整个课程体系的建设缺乏系统化和本土化的设计；第二，已有的研究成果主要停留于各个高校的职业生涯规划课程目标、内容、实施方面的实情介绍，更多的是基于经验之谈，缺乏理论方面的提炼和经验总结与推广。

二、学校实践视角下的高校职业生涯规划课程

（一）目标设置现状分析

基于重庆市各校职业生涯规划课程实践素材的分析和访谈调查可知，当下高校职业生涯规划课程目标设置的优点在于：第一，课程目标的制

---

① 张文. 大学生职业生涯教育课程体系改革与创新 [J]. 大学教育科学，2017（1）：110-116.

定主要是从国家政策要求、生涯咨询理论及本校的专业情况和学生现实需求三个层面来考虑；第二，课程目标的层次倾向于知识、技能、情感态度的三维目标划分；第三，目标的横向层面涵盖范围较全，涉及认识自我、了解职业与社会、求职与就业三大领域，考虑到了学生在不同领域的成长需求。

然而，它在以下三个方面仍需要完善。第一，课程目标的制定与高等教育的本质与精神不匹配。大学课程是专门化、逻辑化和系统化的高深知识，身处知识金字塔顶端的大学课程绝非高深知识的杂乱堆砌，也非高深知识的简单叠加和朴素综合，它有着自身的内在规定性和本质特征。非专门化的高深知识不足以进入大学课程，未经逻辑化的高深知识不可以进入大学课程，没有系统化的高深知识不适宜进入大学课程。第二，对于高校职业生涯规划课程的功能定位，学校更多的是基于未来就业的需要，这在一定程度上忽略了学生学业发展的需要、品格的塑造、社会主义核心价值观及核心素养的培养。第三，目标的纵向层次不够清晰明确，大部分学校的职业生涯规划课程目标缺乏循序渐进的逻辑层次，虽然这些学校能有意识地区分不同年级的侧重点，但仍未能明确学生在不同年级阶段所要达到的标准。

（二）内容设计的现状分析

基于对不同高校职业生涯规划课程内容的现实情况的调查可知，学校现行的职业生涯规划课程内容在以下两个方面表现得较为一致：第一，课程内容在大范围上趋同，覆盖面较广，且遵循的逻辑大体一致，主要是围绕自我认知、职业认知、职业决策、生涯管理等方面，以职业生涯规划基本步骤为主线设计课程内容，具体课程内容包括自我评价、职业认知、确立目标、职业定位、行动与反馈、评估与调整等。第二，在课程内容的选择上，《大学生职业发展与就业指导课程教学要求》将教学内容界定为六个部分：建立生涯与职业意识、职业发展规划、提高就业能力、求职过程指导、职业适应与发展、创业教育。各高校的课程内容更多地集中在前两个部分。

然而，其不足之处在于：第一，课程内容的选择无法实现课程目标。尽管各高校的课程都能够运用各种方法协助学生进行自我探索和生涯探索、拟订生涯规划书和做出生涯决策，从而促进学生的生涯成熟和潜能开发，但"不同学校、不同专业、不同阶段的学生生涯成熟的标志是什么？如何达到生涯成熟？如何进行生涯探索？生涯探索如何与专业学习相结合？"等问题却没有在现有的内容中得到回答，目前的职业生涯规划课程的内容只是向学生传授了职业生涯规划的知识，而与设定的促进学生生涯成熟与潜能开发的目标存在着严重的脱节。第二，课程内容的选择更多的是依照传统的职业咨询实践，无论是自我探索还是职业探索等方面知识的安排都在引导学生思考自己如何与工作更好地匹配及适应，容易让学生对自我及社会产生简单化的思维模式和标签式的认知习惯，无法形成客观理性或辩证的思维方式，以及无法形成对自身生涯的丰富性和发展性的认识。部分学校的职业生涯规划课程内容设置较为随意，课程内容因教师、学生、时间的不同而改变，缺乏系统性和科学性。第三，课程内容流于表面，无法与专业学习相结合。大部分高校职业生涯规划课程包含的几个模块内容大同小异，简单照搬和拼凑西方与职业咨询相关的各种理论与工具，与大学生所学的专业不能有效融合，导致很多学生反映上完课后并没有提高对专业的了解程度和认同度，只是在专业课之外又被迫多上了一门"心灵鸡汤"课。

（三）课程实施的现状分析

当下高校职业生涯规划课程的实施有不少共同之处：第一，大学生职业生涯规划课程教学普遍采取案例教学、讨论式教学、问题式教学、情境模拟、普遍教育与个体咨询相结合、课堂教学环节与学生活动等实践教学环节相结合、分层次多样化的教学方法。课程教学一般强调小组合作与分享、充分发挥学生的积极性与主动性，变"要我学"为"我要学"，增强学生的参与性和互动性。在这一点上，这门课程的形式表现出与传统的灌输式教学完全不一样的特色。第二，课程教学能够结合一些正式与非正式评估的工具，以活动和游戏的方式进行教学设计，除了直接在课堂上使用量表之外，根据这些理论设计的如"兴趣岛幻游""价值观拍卖"等课堂活动也被广泛采用，在课程学习过程中给予了学生充分的自主性和自我实现的空间，在教师引领下学生进行自主探究与团队合作学习，从而增加了课程的趣味性和生动性。第三，课程主要以过程考核为主，以职业生涯规划书为作业形式，以生涯人物访谈、个人成长报告为主要内容，这能够将学生对生涯的理解转变为现实的行动计划。

然而，还存在一些方面值得人们反思与完善：第一，职业生涯规划教育大多以讨论教学为主，这导致现在的大学生职业生涯规划课程教学缺少深度，缺少令人回味的地方，更缺少心灵的震撼和洗礼，使职业生涯规划教育停留在纸上谈兵的层次，大大降低了课程效果。第二，缺乏全程化的设计。职业生涯规划教育事关学生未来发展，有着长期性和周期性，起点宜早，且应持续整个大学阶段，但如今大多学校没做到位，即使有的学校将其划分到不同学期，但还是缺少连贯性的设计和统筹安排。第三，从整体角度看，职业生涯规划课程的针对性、系统性、整合性均有待提升，各种实施资源缺乏有效整合，实施环境还未形成一个整体的生态系统，还未充分发挥出各方力量联动的作用。

通过对学校实践现状的分析与反思可知，在高考改革的背景下，高校职业生涯规划课程不仅是高中生涯探索学习的深入，更是大学学习的引擎和未来生活的导航，它有着独特的定位与特征，这是人们在高校职业生涯规划课程建设中必须考虑的。就课程定位而言，它是引导学生身心健康发展的内在线索，贯穿大学生未来生涯的始终，伴随着大学生的规划、成长与选择；它旨在帮助大学生唤醒并最大限度地发挥其内在潜能和主观能动性，让他们学会自主学习与理性选择；它充分尊重学生的多样性和发展的阶段性，培养其可迁移、可持续的认知与探索的能力。就课程目标而言，它应帮助学生进行自我认知与潜能发掘，使学生树立职业生涯规划意识；引导学生掌握职业生涯规划的方法与策略；促进学生了解当下学习生活与走向社会所需的发展信息，培养学生的关键能力与核心素养；发展学生的自我管理与规划未来的能力。就课程内容而言，它具有跨学科融合的特性，综合了不同领域的知识和信息，加强了个人、学校、社会三者之间的联系。这使学生的学习内容不仅是多加一门新课，而是结合了本专业的学习体会与知识与他们的亲身经历或未来生活息息相关的综合性的知识体系。就课程实施路径而言，它具有自主探索性和专业整合的特点，主张调动多方资源，力求开放、自主、实践的综合化途径。

第二节　学业规划团体辅导与入学教育前置对大学新生适应力的影响

学业规划团体辅导有实用性、普遍性、有效性、可复制性等一系列特点，它已慢慢变成高校进行人才培养的重要组成部分。目前关于学业规划团体辅导对大学新生适应力的影响的理论与研究较少，大多理论与研究集中于探究学业规划的构建与大学新生适应力的应对策略，较少有研究去探究学业规划对大学新生适应力的影响。而在各个高校学业规划体系逐渐系统化与科学化的背景下，探究学业规划对大学新生适应力的影响具有重大价值。

学业规划是指根据自身的实际情况对学业针对性地进行适宜、科学的规划与安排，其中包括每个阶段所设定的目标或任务以及相对应的具体实施计划。2006 年左右，"学业规划"或者"学业生涯规划"概念在我国高等院校中出现并慢慢进入广大教育工作者的视线。对于学生而言，学业规划能培养其自立进修的本领以及提升其就业竞争力；对于高校而言，学业规划能对学生管理体制提供帮助以及对人才培养质量提供保障。

团体辅导是指以团体作为对象进行心理辅导，为其成员提供帮助与指导。团体辅导在学业规划辅导中拥有明显的优势。首先，团体辅导有助于提升辅导效力，辅导者可同时辅导多个辅导对象，这可以节约大量时间和人力。其次，团体辅导多以互动为主，成员之间会互相产生影响，这种立体的、互动式的影响使辅导的效果更为显著。最后，团体辅导中的成员能在活动中通过了解他人对自己的看法，以及学习他人行为来认识自己的不足，并不断完善自己。

研究表明，大学新生适应能力会直接影响其在高校学习的效率、人际关系的建立，从而间接影响其未来的职业发展。本书采用团体辅导的方式，探索学业规划对大学新生适应力的影响，期望能够提高大学新生适应能力，并为以后的研究提供帮助。

现有文献对大学生学业规划问题和大学新生适应力研究得较多，问题分析得较深。不可否认的是，搜集到的文献中针对大学生学业规划问题的困难和大学新生适应力所提出的具体措施确实不少，但目前关于学业规划对大学新生适应力的影响的研究还处于萌芽阶段，大部分研究处于理论证述阶段，并没有进行较好的实证研究。

本书通过调查研究和差异检验的统计方法，探讨了学业规划团体辅导对大学新生适应力的影响，通过对重庆理工大学大一工商管理类新生进行学业规划团体辅导，经过对实验组与对照组前后测量数据进行分析得出结果，学业规划团体辅导对大学新生适应力有积极影响，可以为大学生提高适应能力提供一定的理论依据和现实指导。

通常高校的入学教育内容包括适应教育、专业思想教育、爱国爱校教育、文明修养与法纪安全教育、心理健康教育和成才教育，诸多高校会结合本校教育特色举办一些具体的活动或组织一些项目来完成入学教育，但大多是朝着这几个方向进行。近年来，许多国内外学者通过研究发现，入学教育的内容对大学生生涯适应力有显著影响。例如，陈铁军、孙翔洲认为高校可以充分利用第一课堂、讲座等入学教育途径，培养并提升大学新生生涯适应力。①

在入学教育内容中，对专业思想进行研究的学者较多。例如，姜莉研究发现，参加过相关行业专业或社会实践活动的大学生，其生涯适应力水平比那些没有参加过的大学生要高，即相关行业专业实践活动对大学生生涯适应力有正向影响。②与此同时，丁莉娜、孟霞、张媛也认为，高校可通过对大学生因材施教、重视通识教育与课程设置、促进社会实践活动与创新创业教育的结合培养或提升大学生生涯适应力。③至于适应性教育，主要包括四方面：生活适应、人际适应、学习适应和角色适应。陈少典对大学新生生涯适应力现状进行了研究分析，认为学习模式转换、自身定位不清及角色混乱、理想与现实的反差和环境陌生导致他们生涯适应力低，高校可通过提高生涯教育时效性来培养和提高大学新生的生涯适应力。④

本书认为，尽管现阶段入学教育前置与生涯适应力相关研究已取得了一些成果，但关于入学教育前置的作用相关研究依然有很大的空间，其不足之处亦十分明显。其主要表现如下：首先，关于入学教育前置的作用的相关研究大多不够具体化，有待更深一步的发现。其次，影响大学新生生涯适应力的因素多为主观因素或内部因素，缺少客观因素或外部因素的影响研究，且影响因素较为局限，新的影响因素有待进一步的发现和研究。最后，国外对入学教育对大学新生生涯适应力的影响研究很少，国内对此的研究相对较多，且研究大多是基于入学教育内容对新

① 陈铁军，孙翔洲.培养大学新生适应力的有效机制和途径[J].中国成人教育，2013（3）：43-44.

② 姜莉.大学生生涯适应力现状及对生涯发展教育启示[J].学理论，2015（35）：50-52.

③ 丁莉娜，孟霞，张媛.理工科大学生生涯适应力调查分析[J].辽宁教育行政学院学报，2020，37（5）：104-106.

④ 陈少典.浅析大学新生适应能力现状及思政教育对策[J].才智，2011（14）：241-242.

生生涯适应力的影响。而入学教育前置对大学新生生涯适应力的影响研究目前在国内外处于空白阶段，未找到相关文献。

一、大学新生生涯适应能力差异分析

本书主要采用问卷法和访谈法，通过对重庆理工大学工商管理类大学新生的调查来探究学业规划团体辅导与大学新生适应力的关系。基于本次调查的数据，得出如下结论：第一，工商管理类大学新生中有16%的学生存在适应能力较低的情况。第二，工商管理类大学新生适应力不存在显著的性别差异。第三，工商管理类大学新生适应力存在显著的户籍差异。第四，学业规划团体辅导对大学新生学习适应力不存在显著影响，对大学新生职业探索和积极心理方面有显著影响。

从总体上看，工商管理类大学新生的适应能力得分较高，在调查的457名学生中只有16%的学生属于适应力较低的情况，与以往的研究相比，本次调查中的新生适应能力属于较高水平。这一结果可能与样本数量大小和被测对象的异质性有关。例如，与普通高校的学生相比，我国重点高校的学生可能有更加深远的理想和抱负，有更积极的学习自主性。

在以往的研究中，关于适应能力的性别差异还没有得出准确的结论。一些研究表明，男性大学生与女性大学生在生涯适应能力方面上存在显著差异，而一些研究报告则没有显著差异。本次研究的结果显示，大学新生适应力的性别差异并不显著。这说明，性别这一先天因素并不是影响大学新生适应能力的关键因素，适应能力与后天培养的关系更加密切。因此，加强对大学生的学习生活指导，是提高他们适应能力的有效手段。

关于适应能力的户籍差异，本书的调查结果显示，户籍在大学新生适应力上存在显著差异。这说明户籍对大学新生适应能力有明显影响。城镇户籍的学生适应力的得分普遍高于农村户籍的学生适应力的得分。农村户籍的学生在大学阶段以前生活在信息较为闭塞的环境之中，对周边事物有长期的了解与适应，而突然进入一个完全陌生且生活节奏、方式完全不同的大学环境，往往会使他们出现自卑、无所适从的心理，从而导致他们的适应能力得分较低。而城镇户籍的学生在进入大学学习阶段之前的生活环境与大学环境较为相似，并且不少学生在初高中阶段便积极参加各种校外社团活动，这使他们更为充分地锻炼了适应能力。因此，城镇户籍的大学生在被试中获得了更高的分数。同时，城镇居住的大学生与农村居住的大学生在家庭环境上有很多的不同，农村居住的大学生大多并非与父母生活在一起，大部分是与祖父母生活，甚至部分个体是留守状态。由于受家庭环境的影响，农村户籍的大学生在被调查中获得了较低的分数。

二、新生团体辅导的效果分析

本书对重庆理工大学 2020 级工商管理类大学新生进行问卷调查。采用随机抽样的方法共发放问卷 200 份，选取量表得分较低，且有参与意图的学生作为研究对象。其中，实验组 20 人，男生 8 人，女生 12 人。对照组 20 人，男生 7 人，女生 13 人。两组在年龄、性别人数上保持接近。本书运用大学生适应量表。该量表共 3 个维度 30 个项目，包括学习适应 6 个项目，职业探索 10 个项目，积极心理 14 个项目。采用李克特 5 点计分法，积分越高，适应能力越强。经过信效度检验，得出此表的信效度系数为 0.74。

本书根据大量文献资料，综合学业规划、团体辅导、学习适应理论设计《生涯辅导手册》。由于时间和学校课程安排等因素，实际执行的方案包括三个阶段：初始阶段、辅导阶段和结束阶段。设置初始阶段的目的是使成员之间相互熟悉，建立一个和谐、纪律严明的团队氛围。辅导阶段包括四个活动，"理想之旅"意在让成员充分认识自己的职业目标以及相对应的学业规划目标；"大学生活"分为九个方面：学习进修、职业发展、人际交往、个人情感、身心健康、休闲娱乐、财务管理、家庭生活和社会服务，意在使成员对大学生活有明确的认识，并能以此合理制定适用于自身的学业规划方案；"向往的生活"通过量表和问题导向的方式使成员充分了解自身喜爱的生活形态，确立学习目标，形成目标初步方案；"任务管理"意在使成员明确任务紧急程度，处理事件的优先性，能更好地实施自身制定的学业规划方案。结束阶段进行活动总结，并再次发放问卷回收辅导对象数据。

　　本书是实验研究。采用2（实验组/参照组）×2（前测/后测）实验设计，通过该实验来证实学业规划团体辅导对大学新生适应力有影响。实验组接受学业规划团体辅导，而对照组不接受任何干预。实验组和对照组在辅导前后进行测试检验。首先，联系重庆理工大学工商管理类辅导员，通过班会对2020级大学工商管理类新生进行了随机问卷调查。发放问卷500份，回收问卷478份，其中有效问卷457份。问卷收集完成后，经过数据统计分析得出被调查者的适应能力得分，在询问自身意愿后，选择适应能力得分低于65分、有参与意愿的学生进入测试。其次，2020年3月至4月对实验组进行2周1次，共4次，每次1小时的学业规划团体辅导，辅导时间均为晚上。受学校课程安排的影响，辅导时间有限，第一次辅导同时进行了初始阶段的"同学你好"和辅导阶段的"理想之旅"课程；最后一次同时进行了"任务管理"和"你好未来"课程。同时，对照组不进行任何处置。最后，学业规划团体辅导结束后，通过后测问卷，深入了解辅导对象对本次学业规划团体辅导的感受。

　　个案一：

　　在完成了关于学习进修、职业发展、人际交往、个人情感、身心健康、休闲娱乐、财务管理、家庭生活、社会服务这九个方面的规划后，我对自己之后的目标有了更清晰的认识。让我更清楚自己之前对某些方面的忽视。例如，关于家庭生活这一部分，在大二学业与课外活动都较为丰富的情况下，我与父母的沟通越来越少，而这是生活中必不可少的一部分。对这个部分的规划，让我更加清晰地认识到应该合理安排时间，与父母的沟通应与学业、工作并重。大学既需要学习专业知识，也需要学习课外知识，如学习与人相处的技巧，均衡发展才能在未来有更好的出路。同时，在努力的过程中也不能忽视身心健康，特别是心理健康。要知道，现在的就业形势和自身情况无形中会给自己造成压力，如果不能及时排解，不可避免地就会出现心理问题，所以这个表格也让我更重视在压力和动力之间寻找平衡的问题。

个案二：

我在做完这个小练习后发现，自己的目标并非不明确，即大方向是有的，但是需要细化到每一阶段、每个月，甚至是每一天，因为更细致的计划会让人更有方向，会使自己更自觉地按照计划去做。很多时候我会觉得自己一学期下来毫无收获，但是做了这个小练习后我仔细回想了自己这一年半的大学生活，发现自己的收获还是很多的，只是自己有的时候会忽视掉这些，从而丢失掉这些快乐。通过这个小练习，我明白自己应该做好应有的规划，有目标可循，且应多多鼓励自己，并保持良好的心态，积极面对生活。

个案三：

我认为优秀的大学生应该具备以下能力：第一，专业知识或行业专业技能。指的是通过学校的教育或培训获得的知识或能力，也就是个人所学的科目、所懂的知识。第二，自我管理约束能力。良好的自我管理能力能够帮助个体更好地融入周围环境，应对工作中出现的问题。第三，适应能力。大学生首先要学会在任何环境中生存下去，然后再去追求更高的目标。第四，推销自己的能力。掌握一定的就业技巧，善于利用市场信息，善于在市场中推销自己，要注意细节，因为细节展现素质。良好的自我推销能力也有助于大学生更加顺利地求职。第五，人际交往能力。对于大学生来说，这个能力是非常重要的，无论是在学校里，还是在往后的工作岗位上，良好的人际交往能力会使个体有更好的发展。

从辅导前辅导对象的测试得分和反馈信息来看，辅导对象通过学业规划团体辅导发生了显著的变化，他们对自己有了更客观的认识，对职业、学业有了更好的规划，对事物的处理能力有了很大的提高。

综合研究结果可以得出，学业规划团体辅导对大学新生适应力有明显的正面影响，是提升大学新生适应力的有效途径。究其原因，笔者认为有两个方面：一是团体辅导能使被试对象客观地认识自己，树立自信心，自信心的建立能有效提高适应能力；二是团体辅导具有社交性，社交活动能有效提高被试对象的适应能力。

团体辅导方案中的"大学生活"活动使受试者了解自己的现状，即全面地认识自己，通过学习进修、职业发展、人际交往、个人情感、身心健康、休闲娱乐、财务管理、家庭生活和社会服务九个主题分析自己的现实情况。通过"大学生活"辅导活动，受试者有了对自我和现阶段学习生活环境的正确认识，树立了能提高适应能力的自信心，而以往的研究表明，自信心的建立对提高适应能力有明显促进作用。此次活动方案从理论到实践环环相扣，整个活动下来，让成员对自身、环境都有了更为清楚的认识，使他们知道该怎样去实现自身学业规划。有了清晰的自我认识与前进方向后，大学学习生活便不再浑浑噩噩，这是提高他们适应能力的关键举措。

三、入学教育前置的效果分析

重庆理工大学为使大学新生尽快适应大学生活，帮助他们树立正确的学习理念，更好地认知大学、适应大学、转变观念、超越自我，按照学校德智体美劳"五育并举"学生工作指导要求，面向全体准大学生开展实施了新生入学教育前置第一课——"新生入学前置化课程六个一计划"。前置入学教育——新生"第一课"项目是重庆理工大学的入学教育特色项目，从 2020 年开始，这一年学校秉承新生自愿参与原则未对后续发展进行展开工作。2021年，前置入学教育项目受到校领导高度重视，项目机制也趋于完善，学校面向全体2021级本科新生开展实施新生入学教育前置项目。之后，这一项目一直在持续实施。

新生入学前置化课程"六个一"计划包括：①参加一次安全教育测试。要求完成"知行理工"迎新APP中的安全教育测试，安装"国家反诈中心"反诈骗APP，学习安全知识，掌握安全技能，在大学四年学以致用。②阅读一本有意义的书。学校专门为2021级全体新生精心准备了一系列好书，希望他们从中至少选择一本好书，仔细阅读，做好笔记并保存照片或视频。③观看一部以党史为主题的影视作品。2021年是中国共产党成立100周年，学校希望这些学生利用假期时间观看一部以党史为主题的影视作品或纪录片，如《觉醒年代》《建党伟业》《建军大业》《建国大业》《长征》等。④撰写一篇有深度的读后感或观后感。具体要求：字数不少于1 500字；要写得有真情实感，有独特的新鲜感受，要有见解、有感情、有新意，不得简单地对原文进行抄录或简单地复述；提交电子文档。⑤参加一次行业专业认知实践活动。学生可以任选其一完成，形成2 500～3 000字的电子版报告，可根据实际内容要求，以文字、图片、视频、表格等多种形式丰富内容：第一，可以在假期里进行一次本专业或未来意向行业的榜样人物访谈，形成一篇榜样人物访谈报告；第二，可以通过网络搜索或实地考察形成一篇意向行业调查报告；第三，可以学习生涯规划，尝试形成一个大一学年的学业生涯规划或职业生涯规划；第四，可以参与社会实践活动、实习活动，了解自己的专业和意向就业行业，并形成一篇社会实践活动或者实习活动心得。⑥写一封给未来自己的信。告诉未来的自己有何期望，想在大学里取得哪些成绩，未来想要成为什么样的人，把自己对未来的计划写在信里，书信要有真情实感，字数不少于1 000字。

本书的研究主要通过使用问卷收集准确、真实的一手数据，继而对问卷数据进行回归分析，为本书研究结果提供充分、有效的支撑。同时，问卷调查法标准化、成本低的优点，还保证了数据搜集的有效性、完整性和便捷性。

问卷设计主要分为两部分，一部分为基本信息，一部分为大学生生涯适应力表现。虽然问卷调查对象为大一新生，但在基本信息的内容中仍设置了"年级"一项，看似多余实则是为了保证调查对象的准确性，以便排除无效问卷。与此同时，"是否参加重庆理工大学前置入学教育——新生'第一课'项目"一题是对比大一新生参加者与未参加者生涯适应力强弱的关键。大学生生涯适应力表现部分主要借鉴国内赵小云、谭顶良、郭成根据中国文化特点开发的适用于本国的生涯适应力量表，共计35个项目，分别从6个维度测试大一新生的生涯适应力水平。同时，本问卷根据实际情况对研究量表进行了信度与效度检验，结果表明该量表的各维度信度较好，各变量之间存在一定相关性。

此次关于大学新生生涯适应力的调查问卷发放时间为2022年2月23日，问卷回收时间为2022年3月31日。问卷统一通过问卷星平台进行网络发布，此次问卷调查共计发放问卷800份，回收问卷734份，经筛选排除无效问卷24份，最终有效问卷数为710份，有效问卷回收率为96.73%。

本书对问卷生涯适应力表现部分选项采用李克特5点计分法，对生涯调适、生涯人际、生涯关注、生涯好奇和生涯自信五个因子采用从1（完全不符合）～5（完全符合）计分，对生涯控制因子采用从5（完全不符合）～1（完全符合）计分。所有数据资料采用统计软件处理，分别就入学教育前置和入学教育内容对生涯调适、生涯人际、生涯关注、生涯控制、生涯好奇和生涯自信六个因子进行回归分析。

参加了重庆理工大学前置入学教育——新生"第一课"项目的大学新生比没参加该项目的大学新生在生涯调适、生涯好奇、生涯自信、生涯关注和生涯控制五个维度的平均分分别高出1.15、1.61、1.26、2.35、2.01，而前者与后者在生涯人际维度平均分仅相差0.05，这说明参加了该项目比没参加该项目的大学新生在生涯调适、生涯好奇、生涯自信、生涯关注和生涯控制五个维度水平更高，且两者在生涯关注和生涯控制维度表现的差异更明显，即入学教育前置对生涯适应力有正向影响作用。

在单独加入入学教育前置变量时，入学教育前置参与对生涯调适、生涯好奇、生涯自信、生涯关注和生涯控制五个维度具有正向预测作用，影响系数分别为 0.374、0.328、0.249、0.539 和 0.428，即入学教育前置参与能在一定程度上提高大学新生生涯适应力水平。但入学教育前置参与并未对生涯人际维度起到预测作用。与此同时，本书考虑到预测结果可能受到个人特征因素的影响，因此对六个维度分别加入了一系列控制变量，即性别、生源类型、专业。在加入这三个变量后，生涯调适的影响系数从 0.374 上升到了 0.376；生涯好奇的影响系数从 0.328 上升到了 0.346；生涯自信的影响系数从 0.249 上升到了 0.258；生涯关注的影响系数从 0.539 上升到了 0.547；生涯控制的影响系数从 0.428 上升到了 0.432。入学教育前置参与大概能解释生涯调适、生涯好奇、生涯自信、生涯关注和生涯控制五个因子的变异程度分别由 21.1% 增加到 23.5%，由 27.2% 增加到 46.2%，由 11.5% 增加到 45.6%，由 34.3% 增加到 62.9%，由 10.2% 增加到 25.1%。这表明在排除了控制变量性别、生源类型以及专业后，入学教育前置参与对生涯调适、生涯好奇、生涯自信、生涯关注和生涯控制五个维度依旧存在正向影响。

入学教育六个内容中"参加一次安全教育测试"对生涯调适维度具有正向预测作用，影响系数是 0.41；"阅读一本有意义的书"对生涯自信和生涯控制两个维度具有正向预测作用，影响系数分别是 0.248、0.238；"参加一次行业专业认知实践活动"对生涯调适、生涯好奇、生涯关注和生涯控制四个维度具有正向预测作用，影响系数分别是 0.137、0.242、0.362、0.204；"写一封给未来自己的信"对生涯好奇、生涯自信、生涯关注和生涯控制四个维度具有正向预测作用，影响系数分别是 0.139、0.204、0.195、0.258。因此，入学教育内容中只有四个内容对生涯适应力的某些维度有正向影响，即这四个内容能够不同程度地提高生涯适应力水平。而"观看一部以党史为主题的影视作品"和"撰写一篇有深度的读后感或观后感"两个内容对生涯适应力五个维度均没有影响作用。由此可见，并不是所有入学教育内容都会对生涯适应力具有正向影响作用，且不同的入学教育内容对生涯适应力的影响维度和程度也不同。

通过对入学教育六个内容不同完成情况的大一新生进行访谈，本书发现入学教育前置内容参加对大学新生生涯适应力各维度水平的提升有引导作用。例如，完成"参加一次行业专业认知实践活动"的大学新生对自己的专业有了初步认识，但短期的实践并不能让他们全面了解行业和专业，因此这能够引导他们比未参加该实践的学生更加积极地去探索自己周围的环境以及自己的生涯角色，展现出对未来职业的好奇心。与此同时，当他们对相关专业或行业了解得越多也会使他们对自己的未来产生一定的危机感，表现出比未参加该实践的学生更强的主动性去强化自己对未来生涯的掌控感。又如，完成"写一封给未来自己的信"的大学新生在信中对自己未来的职业生涯进行了一定的规划，这能引导他们增强生涯控制能力，因此他们对未来的关心程度以及对未来生涯的掌控感比没参加该内容的大学新生更强。然而，入学教育内容"六个一计划"并没有体现其对新生人际关系处理能力提高具有引导作用，所以导致入学教育前置对生涯人际维度没有正向影响作用。这些可能就是入学教育前置对大学新生生涯适应力具有显著正向影响作用的原因。

第三节　"三位一体"混合式教学设计与效果分析

本书旨在探讨"三位一体"混合式教学模式在大学生职业规划课程中的有效应用。该模式将传统的面授教学与在线教学结合起来，通过多种教学手段和资源，旨在提高学生的学习效果和参与度。本书通过文献综述和实践经验分析，发现该教学模式在实践中仍存在一些问题，主要包括实践环节设计不足、学生参与度不高、课程知识点过于抽象以及班级师生互动不够积极等方面。针对这些问题，本书提出了相应的对策，如加大实践环节比重、采用启发式教学方法、精选案例等，以期提高教学效果。综上所述，本书旨在为大学生职业规划课程的教学提供参考和启示，以期帮助教师更好地应用"三位一体"混合式教学模式，为学生的职业发展和未来的成功打下坚实的基础。

一、"三位一体"混合式教学模式的特点与原则

"三位一体"混合式教学模式是指将传统的面授教学、在线教学和实践教学结合起来，形成一种新的教学模式。这种教学模式旨在通过多种教学手段和资源的有机结合，提高教学效果和学生的学习体验。

（一）"三位一体"混合式教学模式的特点

1. 多元化的教学手段

"三位一体"混合式教学模式采用多种教学手段，包括面授教学、在线教学和实践教学。面授教学可以提供直接的互动和反馈，在线教学可以提供更加灵活的学习方式，实践教学可以让学生将理论知识应用到实践中。这些教学手段的有机结合可以提高教学效果和学生的学习体验。

2. 丰富的教学资源

"三位一体"混合式教学模式可以利用各种教学资源，包括传统的教材、网络资源、多媒体资源、实验室资源等。这些资源可以提供更加丰富的学习内容和学习体验，帮助学生更好地理解和掌握知识。

3. 有效的互动和反馈机制

"三位一体"混合式教学模式可以提供更加有效的互动和反馈机制。面授教学可以提供直接的互动和反馈，在线教学可以通过讨论区、在线

测试等方式提供互动和反馈，实践教学可以通过实验报告、实践成果等方式提供反馈。这些互动和反馈机制可以帮助学生更好地理解和掌握知识，提高学习效果。

4.灵活的学习方式

"三位一体"混合式教学模式可以提供更加灵活的学习方式。学生可以根据自己的时间和兴趣选择不同的学习方式，如选择在线学习或面授学习，选择不同的实践项目等。这种灵活的学习方式可以提高学生的学习积极性和学习效果。

（二）"三位一体"混合式教学模式的应用原则

"三位一体"混合式教学模式是将传统教学方式与现代教育技术有机结合起来的一种教学模式，在大学教育中得到了广泛的应用。这种教学模式旨在更好地满足学生现代化、个性化、多元化的学习需求，提高学生学习的实效性。在其应用中，需要注意以下原则。

1.教学理念与课程需求相适应

"三位一体"混合式教学模式的应用需要围绕教学理念展开。教学理念的核心是教育思想、目标和任务，其有助于教师理解课程的目的，指导教师进行课程教学设计与实施和展开。因此，教师在应用"三位一体"混合式教学模式时，需要将其与课程需求相适应，结合课程目标、任务、内容、教学方式和教学资源，制定教学方案。

2.整合现代信息技术

"三位一体"混合式教学模式需要整合现代化的信息技术来辅助教学，教师需要充分利用现代多媒体、网络等技术手段，设计和制作高质量的教学方案。

3.合理安排和组织教学环节

"三位一体"混合式教学模式需要合理安排和组织教学环节。教学活动主要包括课前预习与课后复习、面授课堂教学、网络教学、课程设计与实验、实习与实践活动。教师需要根据课程特点和学生学习能力的需求，设计和组织各种教学环节，保证条理清晰，重点突出。

总之，"三位一体"混合式教学模式应用的关键在于整合现有的信息技术，充分发挥网络教学的重要作用，并注重教学理念与课程需求的相适应，恰当组织教学环节，鼓励学生的积极参与和自主学习，及时评估和反馈，从而实现教学效果的最大化。

二、"三位一体"混合式教学模式的应用与效果

（一）线上教学环节

对于大学生职业规划课程，"三位一体"混合式教学模式已经被广泛应用。其中，线上教学环节是该教学模式中至关重要的一环。谈及线上教学环节的应用现状，包括以下几个方面。

首先，线上教学资源的开发和发布已经越来越丰富多样。教师会根据所教授职业生涯规划课程的具体情况和学生需求，开发和发布符合课程需要的多媒体资料，如 PPT 课件、授课视频、教学音频、电子书等。不单单是教学资源的种类在逐年增加，更重要的是这些资源的知识点涵盖面也在不断扩大。

其次，线上教学平台也越来越普及。学生通过平台即可远程登录系统，访问多样化的课程资源、交流学习资讯及与教师、同学建立互动交流。这为学生提供了更加全面的学习资源和更多交流的机会。

最后，在现实发展中，线上教学平台也越来越倾向于自主化管理。教师甚至可以根据具体情况，实现课堂检查、自动统计考勤数据、校验学生作业、发布考试成绩，并实时了解学生的学业进度。

总之，线上教学因其巨大的潜力和灵活性，得到了越来越广泛的应用。"三位一体"混合式教学模式能够为职业规划课程提供更加丰富、多

元化、便捷的教学资源。相信随着技术和教学模式的不断深入，教育教学水平和效果也会不断提高。

（二）线下教学环节

在"三位一体"混合式教学模式中，线下教学环节同样不可忽视。对于大学生职业规划课程而言，线下教学环节的应用现状也十分重要。

首先，线下教学已经实现了成熟的互动和人际交往机制。和线上教学不同的是，线下教学不仅为学生提供了面对面交流的机会，还能实现多元化的交流和心理沟通。教师可以适时组织一些职业规划培训活动、实习经历分享、职场经验讲座等，通过现场的演示、实践、讨论和分享，让学生更加深入地了解职场变化，提高职业素养和能力。

其次，线下教学更加注重保障课程有效性。考虑到线上教学相对线下教学来说有着不可避免的、一定程度的自由投诉风险，线下教学让学生更加放心。在实际的教学中，教师会通过课程评估、考试等方式来检测学生的学习情况和课程效果，从而更好地调整和优化课程。

再次，线下教学更多地借鉴了教育游戏和教学场景模拟的方式来实现知识的生动化传播。与传统的纯理论教学形式不同的是，教师可以将学生分为小组，让他们身临其境地解决如实际职业选择、工作面试等问题，从而更加直观地感受职场生态，提高对理论的理解和执行力。

最后，在实际教学中，线下教学更重视师生间的沟通与互动。教师可以适时调整讲课的方式和人机互动、人人互动的占比，让学生和教师之间的交流和互动更加平等和自然。教师还会通过组织学生进行问答互动、设立课堂讨论等方式，提高师生互动的质量和当堂效果，让学生更加愿意参与职业生涯规划课程。

总之，线下教学环节在"三位一体"混合式教学模式中同样不可忽视。与线上教学比较而言，线下教学具有现场交流互动、可视可摸体验等特点，为师生进行更加深入的联系和互动提供了温床。本书也期待教师可以在教育教学中更好地发挥线下教学环节的优势和价值，提高教育质量和学生素质。

（三）课程评价

"三位一体"混合式教学模式的出现推动了教育教学的发展，尤其是在大学生职业规划课程中的应用，更是受到了广泛的关注。而对于课程评价这一重要环节，"三位一体"混合式教学模式也不断进化，取得了不俗的成绩和应用效果。

首先，"三位一体"混合式教学模式强调的是学生中心的理念。课程评价不再仅是教师"一刀切"的成绩，而是通过多种方式和工具，收集学生的学习表现和反馈信息。教师和学生共同探讨，最终达成对课程效果的评价。在实际的教学中，教师可以通过技术手段，如 Google 表单、SurveyMonkey 等在线工具，收集学生的课堂表现、作业完成情况、成绩评定等数据，从而更加全面地评价课程效果。

其次，"三位一体"混合式教学模式更加注重课程评价的客观性和准确性。作为信息时代的青年，大学生对数据分析和逻辑推理有着更为敏锐的直觉和更加清晰的认知。在实际的教学中，教师需要整合多种方式的数据分析工具，将课程评价的数据进行透彻的分析，如在哪个环节需要优化，在哪个环节需要强化等。通过客观的、量化的数据分析，教师可以更加准确地评价课程效果，提高教学质量。

最后，"三位一体"混合式教学模式更加注重课程评价的及时性和实效性。在实际教学中，教师应在课程结束后及时对学生的反馈信息进行系统化的分析，提取课程效果的关键指标和评价维度。同时，教师应密切关注职业规划领域的最新动态，及时对课程内容进行更新和优化，以便更好地服务学生的职业生涯规划发展。

总之，课程评价是每一门课程都必须面临的重要环节。"三位一体"混合式教学模式在大学生职业生涯规划课程中的应用，为课程评价的有效性和实效性提供了重要的切入点。只有秉持学生为中心、注重数据分析、注重实效性的教学理念，才能真正提高教育教学质量，更好地服务学生的发展。

（四）教学效果分析

为了更有效地定量分析"三位一体"教学设计的效果，本书于 2021 年 3 月随机抽取了重庆理工大学工商管理类专业 2020 级九个班共 300 名学生进行了职业生涯规划课程教学实验，将一班到三班设置为实验组，对其实施新的教学设计；将四班到九班设置为控制组，其中四班到六班依然按照传统的内容进行教学，七班到九班没有进行任何相关内容的教学。在实验前后分别对所有的样本进行了问卷调查，第一轮调查在实验前一周，第二轮调查在实验结束后一周。样本数据包括基本的人口统计学变量，结果变量则包括专业认同度、就业意向、毕业期望月薪以及是否参与社会实践。

实施新的教学设计的班级为实验组，实施旧的教学设计的班组为控制组 1，没有进行职业生涯规划教学的班组为控制组 2。实验组无论是与所有的控制组相比，还是与某一个控制组相比，在学生的基本信息及专业认同度、就业意向、毕业期望月薪和社会实践这些变量上的差异都是不显著的，保证了实验组和控制组变量在实验前的平衡。从数据中还可以看出，专业认同度较低、就业意向明确的学生占少数，超过一半的学生没有参加过社会实践活动，毕业期望月薪普遍偏高。

为了比较实验组与控制组在结果变量上的差异，本书用来估计的模型 $\left(Y_i = \alpha + \delta D_i + X_i' \gamma + \eta_i\right)$ 左边为实验个体的结果变量，模型右边第一项为截距项，第二项中的 D 为分组变量，$D=1$ 为实验组，$D=0$ 为控制组，分组变量前的回归系数代表了实验组与控制组在结果变量上的差异，第三项中的 X 为控制变量，包括性别、年龄、政治面貌、户籍状况、平均学分绩点第四一项为误差项。

为了更细致地分析"三位一体"教学实践对学生行为和态度的影响，

本书估计了四个模型，模型 1 的因变量为专业认同度，模型 2 的因变量为就业意向中选择确定的比例，模型 3 的因变量为参与社会实践的比例，模型 4 的因变量为毕业期望月薪的对数。从调查数据中可以看出，实施"三位一体"教学模式后，教学效果对比传统的教学内容，无论是在提升学生的专业认同度，还是在明确就业意向、推动学生更主动地参与社会实践和降低就业期待方面都具有显著效果，即使是加入了控制变量，这些效果的显著性依然存在。这说明了本书所采取的"三位一体"教学设计的效果是稳健的。

三、"三位一体"混合式教学模式的问题

（一）实践环节设计不足

在职业生涯规划课程中应用"三位一体"混合式教学模式，存在着学生的实践环节设计不足的问题，主要表现在以下几个方面。

第一，职业生涯规划课程理论知识偏多，实践内容较少。传统教学模式中，靠讲授来传递职业规划的相关知识点，而"三位一体"混合式教学模式则强调实践环节的重要性。但是在职业生涯规划课程中，由于大部分知识点是理论性的，导致很难设计出大量丰富的实践环节来帮助学生将这些理论知识转化为可操作的技能和经验，导致学生缺乏实践经验和技能。

第二，实践环节设计不够全面和完善。在职业生涯规划课程中，实践环节往往只包括一些浅显简单的体验式教育环节，如职业观察、实地调查、职场访谈等，缺乏更加深入的实践环节，如职业规划的实际操作过程等，这使学生难以在实践中获得更多的成长和进步，也难以更好地应对实际职业规划的挑战。

第三，缺少实践环节的指导和评估。在职业生涯规划课程中，实践环节的设计缺乏指导和评估，这使学生无法及时发现和纠正自己的错误，也难以获得他人的反馈和帮助。这不仅影响了学生的实践效果，还可能

引发连锁反应，影响整个班级的学习效果。

（二）学生参与度不高

在职业生涯规划课程中应用"三位一体"混合式教学模式，存在着学生参与度不高的问题，主要表现在以下几个方面。

第一，课程内容单调乏味。由于职业生涯规划课程的内容大多是理论性的，许多学生在上课的过程中很难保持兴趣。而且，由于缺少丰富的教学资源、良性的互动与及时的反馈，无法诱导学生投入课程学习，这使部分学生精神涣散，参与度较低。

第二，教学态度不积极。一些教师缺乏全面思考学生的需求的意识，缺乏引导性和激发学习情感的方式，以致课堂效率低下，文化氛围单调，没有调动学生的积极性和兴趣，学生参与度不高。

第三，教学组织不够丰富。在实际教学中，一些教师缺乏多样化的组织方式，课堂中只有板书和讲授，无法引发学生的注意和兴趣，也难以调动学生的积极性和主动性。这样会导致学生的学习效果大打折扣，参与度不高。

（三）课程知识点过于抽象

在职业生涯规划课程中应用"三位一体"混合式教学模式，存在着课程知识点过于抽象的问题，主要表现在以下几个方面。

第一，职业生涯规划的侧重点比较广泛。对于职业生涯规划课程而言，讲解的内容涉及多个领域。虽然这些领域都是学生必须了解并熟悉的，但由于涉及面较广，部分学生难以理解和消化抽象的知识点。

第二，职业生涯规划课程的知识点难以操作。相对于其他学科，职业生涯规划知识点的本质是管理和社科知识的混合，而且更多的是宏观层面的策略指导。教学内容与实际操作的差距较大，难以让学生直观地感受自己所学知识的实际效用，也难以成为学生课后练习的对象。

第三，职业生涯规划课程的知识点抽象度高。由于职业生涯规划涉及的知识点较为抽象，教师往往无法直观地展示或呈现给学生，加上课程没有更多的实践环节与项目，导致学生难以真正理解所学知识内容。

（四）班级师生互动不够积极

在职业生涯规划课程中应用"三位一体"混合式教学模式，存在着班级师生互动不够积极的问题，主要表现在以下几个方面。

第一，班级师生互动缺乏主动性。在"三位一体"混合式教学模式下，教师的角色应是指导者，而不是传统意义上的知识供应者。然而，在实际教学中，班级师生互动往往沿用原有教学模式，学生主要扮演接受者的角色，而教师则是知识的灌输者，导致班级师生互动缺乏主动性。

第二，师生之间缺乏有效的沟通和互动。在教学过程中，教师应关注每个学生的学习情况，结合学生的实际情况进行更加实际的指导，使学生能够深入理解并掌握课程内容。但是，实际情况中师生互动不够积极，无法建立起有效的沟通和互动，导致教师对学生需要的关注点并没有匹配到位，缺乏情感交流。

第三，学生参与度较低。在"三位一体"混合式教学模式下，学生的角色应该是积极的，教师可以通过小组讨论、实践探究等方式突出学生的主体意识，促进学生参与教学，提高学生的学习积极性。但实际情况中，学生参与度较低，往往表现为缺乏自主性和创造性，没有建立起各自的学习目标、反思和总结的自我动机和习惯。

综上所述，在职业生涯规划课程中应用"三位一体"混合式教学模式，会存在班级师生互动不够积极的问题。为了解决这个问题，教师应从以下方面着手：首先，加强对学生的引导。为了实现班级师生之间的双向互动，教师可以适当引导学生以问题为导向，激发学生的思考，从而提高学生的参与度。其次，教师可以增设互动情境，如分组小讨论、观摩课堂演讲等，让学生动起手来，主动参与教学过程，有效地提高学生的学习效果。最后，教师要事先准备好辅导材料和辅助计划，以供学生参考，从而促进学生的自主学习和独立思考能力的发展。

第四节　高校混合式职业生涯课程设计建议

一、混合式教学模式总体设计

（一）学情分析

学校办学定位与专业特色：重庆理工大学坚持应用研究性大学的办学定位，学校面向和服务国家及地方经济社会发展，以培养厚基础、宽专业、强能力、高素质的人才为目标。学校依托兵工背景、机械、车辆专业优势。课程依托市级"三特"计划特色专业和"工商管理"特色学科专业群的核心师资力量，服务重庆市制造产业和服务产业。

课程对象特征：第一，学生来自不同的学院、不同的专业，他们在专业背景、知识结构上存在差异；第二，学生的兴趣爱好与性格特征存在差异；第三，学生对课程学习的重视程度与参与动机存在差异；第四，学生的个人规划与成长期望存在差异。

（二）课程目标

课程契合学校培养服务国家发展和社会需求的人才目标，体现"新文科"的要求，贯彻"课程思政"理念，基于学生的成长需求及专业培养目标，确立了"知识传授—能力培养—价值塑造"三维教学目标。

第一，知识传授：了解职业生涯发展的阶段特点，理解个体的特质与职业发展的关系，掌握所学专业的发展前景及社会需求，较为清晰地认识职业对人的基本要求。

第二，能力培养：掌握自我探索技能、信息搜索与管理技能、生涯决策技能、求职技能；围绕当下劳动力市场的新现象和新问题，综合运用批判性思维能力、解决问题的系统思维和创新能力。

第三，价值塑造：培养学生将个体的选择与社会的发展、国家的政策有机结合起来的意识，激发学生的爱国主义情怀和使命担当，提升学生的专业认同感，使其明确职业目标，培养学生的工匠精神和良好的职业素养。

（三）混合式教学创新设计

根据新文科建设方案及重庆理工大学专业特色，为解决存在问题，贯彻"以学生为中心"和"课程持续改进"教育理念，本书基于"两性一度"的课程建设总要求提出了"234"混合式教学模式设计。此教学模式围绕实现"知识传授、能力培养和价值塑造"三位一体教育目标，以"三赛""三课"为两翼，以教学活动创新、教学环节创新和教学评价创新为基础，以"四融合"为核心，将课程内容与国家战略、就业政策、社会热点、榜样故事融合起来进行教学。

1. 两翼："赛课结合"的教学空间

三个线上教学空间：课程团队与重庆大学出版社共同开发了教学云平台：大学全程生涯发展与就业指导教学平台。课程教学还借助了中国慕课（massive open online courses, MOOC）平台上的优质教学资源。课程团队还基于智慧化教学工具"雨课堂"平台，充分利用其互动功能开展课堂互动和教学管理。

三个线下教学空间：为了更好地实现教学效果，课程分为三个阶段：大一阶段的入学教育课（8学时）、大二阶段的职业生涯规划课（16学时）、大三阶段的就业指导课（8学时）。三个线下教学内容实现有机结合，帮助大学生从专业探索到职业探索，再到生涯探索，一步一步增进对内容的理解。

三个辅助教学空间：为了将课程教学内容与竞赛活动有机结合，课程团队还开发了三个训练营活动，作为课堂教学的延伸，贯穿入学到求职的过程：学业规划训练营、职业生涯规划训练营、简历与面试训练营。

三个竞赛教学空间：为了"以赛促教"，课程团队承办了三个校级比赛：大学生学业生涯规划大赛、大学生职业生涯规划大赛和简历大赛。

2.三基：持续改进的教学方法

基于 ARCS 模型① 改进教学活动。首先用当下大学生就业的矛盾和热点问题引发认知冲突，吸引学生的注意力；其次引入专业知识，构建专业与行业的关联，引导学生看到学习的动力与方向；再次引入国家的就业政策和行业发展战略，以及榜样人物的经历，培养学生的爱国情怀，帮助学生塑造正确的价值观和提升自信；最后通过课程反馈和学习收获分享让成果可视化，形成正向激励，提升学生学习的满意度。

基于 BOPPPS 模型② 改进教学环节。基于 BOPPPS 模型，笔者设计了一套从"问题引导—问题分析—巩固练习—实践应用—能力拓展"五环联动课程教学模式，借助"雨课堂"智慧教学工具，紧紧围绕大学生就业和劳动力市场中不断出现的热点问题，按照线上线下混合教学模式，将五个环节融入课前、课中和课后三段式教学过程，实现五环联动。

基于 CIPP 模型③ 改进教学评价。评价的目的不在于证明，而在于改进。根据 CIPP 模型，本课程从背景评价、输入评价、过程评价、结果评价四个方面对学生成长过程进行动态式、多元化评估，从不同的角度进

---

① ARCS 模型是由美国佛罗里达州立大学的约翰 .M. 凯勒（John.M.Keller）于 20 世纪 80 年代提出的一个教学设计模型。ARCS 是 attention（注意）、relevance（关联）、confidence（信心）和 satisfaction（满意）四个英文单词的首字母的缩写。

② BOPPPS 模型包括引入（bridge-in）、目标（objective）、前测（pre-assessment）、参与式学习（participatory learning）、后测（post-assessment）和小结（summary）六个模块，简称为 BOPPPS。

③CIPP 评价模式是由美国教育评价专家斯塔弗尔比姆（Stufflebeam）于二十世纪六、七十年代提出的。背景评价（context evaluation）、输入评价（input evaluation）、过程评价（process evaluation）、结果评价（product evaluation）构成了 CIPP 评价模式。

行深入的分析和评估，以改进教学活动的质量和效果。

3.四融：与时俱进的教学内容

为了实现课程教学目标，引导学生积极关注社会的变化及知识的运用，培养学生的高阶能力，教师可以将教学内容与国家战略、就业政策、社会热点、榜样故事紧密结合起来，在课前引导学生关注"慢就业"、考证热、考研热、"灵活就业"、就业歧视等就业热点问题，在课上引导学生从就业政策与榜样的经历中思考个人的规划与发展，在课后引导学生进一步收集信息，使学生从专业与行业的角度关注国家的科教兴国战略、人才强国战略、创新驱动发展战略、制造强国战略、扩大内需战略、乡村振兴战略等对个人发展的影响。

二、混合式教学内容与活动设计

（一）课程内容与资源的建设及应用情况

1.明确课程定位，构建内容体系

为了让线上与线下的教学内容紧密结合，本书将知识点和学习资料进行了分类整理，将其分为八个模块，线上主要为理论学习、自主测评、案例学习和互动讨论，线下主要是提高能力、实地调查、人物访谈和参加竞赛。

2.聚焦立德树人，丰富教学资源

本书精选了中国大学 MOOC 网上的三门国家级精品课程的部分内容作为线上教学资料。同时，教学团队精心编写了教材《全程化大学生职业生涯规划——大学生涯 DIY》。经过六年的不断打磨和完善，出版了全新的融合课程思政的数字资源教材《数字时代大学生生涯发展与就业指导》，增强了"知识体系"和"道德修养"之间的融合度。课程团队成员还参与编写了《大学生职业生涯规划咨询案例精编》《职业生涯研究与实践必备的 41 个理论》。笔者还将线下学习资料印制成大学生学业生涯攻略系列手册，从而为线上讨论提供了更为丰富的资料。

3.建设在线平台，拓展学习时空

教学团队将教学资源进行了分类和整理，形成了融入课程思政的 12 个主题教学课件、以动画为形式的 6 个微课视频、60 个生涯发展主题教学视频、11 个以师生问答为形式的教学音频、28 个优秀学生的成长感悟、30 本相关图书的内容选读、33 篇最新研究论文。为教师教学和学生学习提供了全方位的教学资源支撑，能够带来立体化、多样化的教与学体验，提升教学效果。

（二）教学活动的组织及实施情况

根据各知识单元的特点，课程主要采用三种教学组织形式。

1.赛课结合式教学

课程学习的内容与竞赛结合，通过比赛进一步推动学生在线上进行自主学习，在课后进行社会实践。同时，课程还延伸出四个品牌训练营，分别是新生训练营、职业生涯规划大赛训练营、简历训练营和面试技巧训练营。截至 2022 年，四个训练营参训人数达 2 000 人。

2.小组讨论式教学

课程知识单元内容多、可拓展、易思辨，主要采用小组讨论教学形式，强调个体与团队在学习中的良性互动。学生信息素养高、自主学习意愿强烈，教师鼓励学生在自主学习过程中互助、协作和讨论，培育了学生协作与沟通能力，增强了学生团队观念及合作意识，显著增强了师生互动和生生互动，提高了学生学习的参与度。

3.互动游戏教学

以互动游戏形式开展课堂教学，增加了课程趣味性，增强了小组成员情感，增添了过程的仪式感。学生自由发表学习感言，分享学习经验，总结在混合式教学课程中的成长和收获。

三、混合式教学设计的关键点

（一）加大实践环节比重

在大学生职业生涯规划课程中，"三位一体"混合式教学模式得到了广泛的应用，旨在提高学生的自主学习和实践能力。然而，在实际教学中，教师常常注意到学生对职业生涯规划知识的掌握仍有所欠缺，特别是在实践方面缺少经验。因此，加大实践环节比重是提高"三位一体"混合式教学模式教学效果的必要手段。

首先，加大实践环节比重能够增强学生的学习兴趣。学生可以在实践中加深对职业生涯规划知识的理解和认识，体验职业生涯规划的全过程，从而激发学习兴趣和动力。此外，增加实践环节的比重，能够让学生在实践中不断总结、反思和探索，发现自己的不足之处并尝试改进。

其次，加大实践环节比重有助于提高学生的实践能力。在实践活动中，学生面对具体问题，需要运用职业生涯规划知识、社会能力和创新能力，而这些能力正是未来职业发展中必须具备的，因此增强实践体验有助于提高学生的实际应用能力和职业生涯规划实践能力。

最后，加大实践环节比重能够提高教学效果。在"三位一体"混合式教学模式中，通过实践活动加强课堂教学与实践操作的联系，有助于学生在实践中更好地理解职业生涯规划的相关知识，提高教学的实效性。

总之，"三位一体"混合式教学模式在大学生职业生涯规划课程中的应用需要加大实践环节比重，并将理论知识与实践操作相结合，提高学生的职业生涯规划实践能力，进一步提高"三位一体"混合式教学模式的教学效果，为学生未来职业生涯规划和发展做好充分的准备。

（二）提高学生参与度

在大学生职业生涯规划课程中，"三位一体"混合式教学模式被广泛应用于课堂教学中。然而，学生参与度不高往往会影响教学效果，因此，提高学生参与度是提高"三位一体"混合式教学模式教学效果的重要举措。

首先，提供个性化的学习方式能够提高学生的参与度。在"三位一体"混合式教学模式中，教师可以通过增加多样化的学习模式来提高学生的兴趣和参与度。例如，引入游戏化教学、讨论式教学、小组学习和个人学习等多种方式，让学生能够选择适合自己的学习方式，从而提高学生的学习主动性和参与度。

其次，加强互动参与能够提高学生的参与度。在"三位一体"混合式教学中，教师需要与学生建立良好的互动关系，在教学过程中给予学生充分的参与和表达机会，激发学生的自主思考和自我表达能力，提高学生的参与度。

最后，增加具有实用性的实践环节能够提高学生的参与度。在职业生涯规划教学中，实践环节具有提升学生参与度的作用。让学生亲身体验职业生涯规划知识的应用，通过实例分析、案例讨论等方式加强实践环节，可以使学生在实践中积累经验和提升实践能力，从而更主动地参与到课堂中来。

综上所述，提高学生参与度对于提高职业生涯规划课程中"三位一体"混合式教学模式的教学效果至关重要。采取多样化的学习方式、加强互动参与和增加实用性的实践环节，是提高学生参与度的有效方式，有助于提高"三位一体"混合式教学模式的教学质量和效果。

（三）采用启发式教学方法

在大学生职业生涯规划课程中，"三位一体"混合式教学模式被广泛应用，而启发式教学方法也是一种有效的教学方式。采用启发式教学方法可以让学生更深入地理解和应用职业规划知识，提高学习效果和学习兴趣。下面是一些关于采用启发式教学方法的建议。

首先，教师可以通过引导学生提出问题、提供案例、讨论策略等方式，激发学生的探究和思考热情。例如，在讲解职业生涯规划知识之前，教师可以通过提出问题，让学生思考他们自己对职业生涯规划的认识和理解程度，并引导他们通过互相讨论和交流，初步了解职业生涯规划的重要性和基本知识。

其次，教师可以利用互联网和多媒体技术丰富启发式教学过程。例如，教师可以利用网络平台或多媒体课件等资源，让学生在课外学习案例，然后在课堂上集体讨论，共同分析问题，加深理解，提高教学效果。

最后，教师可以从学生的角度出发，发挥他们的主动性和自主性，让他们参与启发性教学，采取多方面的学习方法，提高学生的学习素质。例如，学生可以通过调研和实践来获取与职业生涯规划相关的信息，运用所学知识解决实际问题，并将自己的学习体验分享给其他同学，推动合作学习和交流。

总之，采用启发式教学方法可以在职业生涯规划课程中加深学生对职业生涯规划知识的理解和应用，提高学习效果和兴趣。教师应注重采用提问、讨论等方式，引导学生探究和思考，同时应利用互联网和多媒体技术拓展启发性教学场景。学生应自主选择多种学习方式，提高学习素质，从而提高启发式教学的效果和质量。

（四）增加班级师生互动性

在大学生职业生涯规划课程中，"三位一体"混合式教学模式被广泛应用，通过课堂教学、网络教学和实践教学等不同形式的教学方式，帮助学生更全面地了解职业生涯规划知识。然而，如果师生互动性不强，学生则很难在学习过程中提出问题、获得反馈，这对学生的学习效果和学习动力都会产生一定负面影响。因此，本书提出了关于增加班级师生互动性的一些建议。

首先，教师可以采用"翻转课堂"等互动方式，将一部分课堂的讲授内容转移到课堂外的自学环节。例如，教师可以提供在线视频、文献资料、网络课件等资源，在课堂外让学生进行学习，然后在课堂上以小组讨论、角色扮演等形式，加强师生互动，增进相互之间的交流与探讨。

其次，采取课内小组学习的方式，让学生在小组中相互学习，互相协助。例如，教师可以将学生分组，让他们共同讨论课程中涉及的实践案例，每个小组选出代表汇报，并让其他小组进行提问和评论，促进班级师生的积极互动和参与。

最后，教师可以在网络教学环节增设课程讨论区、课程问答区等社交工具，让学生在课程学习过程中随时随地进行交流、讨论和提问。教师及时回应学生问题、鼓励学生进行课程评价、鼓励学生发表自己的见解等，使学生不再是单纯的信息接受者，而是成为积极的课程参与者和探索者。

总之，提高班级师生互动性可以促进学生对职业生涯规划知识的深入理解和掌握，提高学习效果和积极性。教师应注重采用互动教学的方式，建立小组、讨论区等形式，使学生积极参与教学过程，鼓励学生提问、交流、探究。同时，学生应主动参与课堂，积极表达自己的看法，勇于提出问题，以提高班级师生互动性和课程学习质量。

参考文献

[1]海德格尔.存在与时间[M].陈嘉映，王庆节，译.修订译本.北京：生活·读书·新知三联书店，2006.

[2]巴雷特.非理性的人：存在主义哲学研究[M].杨照明，艾平，译.北京：商务印书馆，1995.

[3]黑格尔.小逻辑[M].贺麟，译.北京：商务印书馆，1980.

[4]马克思.1844年经济学哲学手稿[M].中共中央马克思恩格斯列宁斯大林著作编译局，译.北京：人民出版社，2000.

[5]张汝沦.现代西方哲学十五讲[M].北京：北京大学出版社，2004.

[6]邓晓芒.黑格尔辩证法讲演录[M].北京：北京大学出版社，2005.

[7]金树人.生涯咨询与辅导[M].北京：高等教育出版社，2007.

[8]邱嘉平.因果推断实用计量方法[M].上海：上海财经大学出版社，2020.

[9]潘绥铭，黄盈盈，王东.论方法：社会学调查的本土实践与升华[M].2版.北京：世界图书出版有限公司北京分公司，2023.

[10]巴比.社会研究方法：第十一版[M].邱泽奇，译.2版.北京：华夏出版社，2018.

[11] 李春玲.大学生就业选择的趋同与分化：理性选择与社会分化 [J].北京大学教育评论，2023，21（3）：51-68，188-189.

[12] 李春玲.风险与竞争加剧环境下大学生就业选择变化研究 [J].中国青年社会科学，2023，42（5）：19-29.

[13] 史秋衡，任可欣.我国大学生就业能力内涵及其影响因素探析：基于应用型高校与研究型高校的对比 [J].华东师范大学学报（教育科学版），2023，41（8）：1-12.

[14] 赖德胜，何勤.当前青年群体就业的新趋势新变化 [J].人民论坛，2023（11）：40-45.

[15] 岳昌君.高校毕业生就业观念：特点、变化与差异研究 [J].中国青年研究，2023（5）：5-13.

[16] 高娟，翟华云.人力资本、家庭状况与毕业生"慢就业"：基于民族院校的调研数据分析 [J].中南民族大学学报（人文社会科学版），2022，42（7）：135-142，186.

[17] 靳卫东，李淑玥，何丽."慢就业"的职业损失：工资收入和工作职位 [J].财经研究，2022，48（7）：33-47.

[18] 谭杰，吴强.新时代下尼特族群体特征的新趋势：基于广东四个县区实证调查的分析 [J].中国青年研究，2021（6）：84-93.

[19] 李涛，黄少澜.灵活就业在高校应届毕业生群体中的认可程度及其影响因素：基于2022年全国抽样调查数据的实证分析 [J].教育发展研究，2023，43（19）：26-39.

[20] 董志强.新就业形态：就业的新特征与新问题 [J].学术界，2023（8）：46-55.

[21] 吕康银，陈思，贾利雯.数字经济如何影响就业选择？——基于工作动机的作用机制 [J].经济与管理研究，2023，44（12）：24-43.

[22] 严妮，袁文艺，任立.高校学生新业态认知对就业意愿的影响研究：基于计划行为理论的实证分析 [J].社会保障研究，2023（3）：

80-91.

[23] 冯喜良，邱玥.高校毕业生的灵活就业选择倾向：基于人力资本匹配和职业心理需求视角的发现 [J].中国人口科学，2022（6）：70-84，127.

[24] 徐月红.数字经济时代如何推进大学生非正规就业：基于对长三角地区高校大学生的实证调查 [J].江苏高教，2023（7）：104-109.

[25] 葛莹玉，李春平，葛扬.非正规就业、教育错配与产业工人的工资效应 [J].财经科学，2022（3）：123-134.

[26] 张晓昕.教育、非正规就业与劳动者工资收入：基于 CFPS 数据的实证分析 [J].云南财经大学学报，2021，37（9）：31-45.

[27] 李根丽，尤亮.非正规就业具有工资惩罚效应吗：来自城镇私营企业劳动者的证据 [J].现代经济探讨，2021（8）：15-24.

[28] 吴传琦，尹振宇，张志强.非正规就业劳动者就业满意度的性别差异 [J].首都经济贸易大学学报，2021，23（4）：65-76.

[29] 封小郡.非正规就业相关研究：综合性理论图景与经验研究述评 [J].开放时代，2021（2）：159-178，10.

[30] 蒋承，王天骄.我国大学毕业生非正规就业的特征、结构与质量：基于2007—2017 年全国高校毕业生就业调查数据 [J].社会科学战线，2020（10）：271-275.

[31] 马川."全职儿女"现象：当代青年的社会避险机制分析 [J].中国青年研究，2024（2）：86-93.

[32] 蔡瑜琢，张乔童.从大学到职场：毕业生就业力研究的回顾、反思和新方向 [J].北京大学教育评论，2023，21（3）：23-50，187-188.

[33] 梁文艳，周晔馨.为何巾帼胜须眉？非认知能力与大学生在校表现的性别差距 [J].经济学报，2023，10（1）：344-374.

[34] 邱文琪，岳昌君."读书无用"还是"越努力越幸运"：能力增值对本科毕业生劳动力市场表现的影响 [J].高等教育研究，2022，43（10）：

56-69.

[35] 高娟. 家庭社会经济地位如何影响大学生就业风险：父母参与和学业成就的中介效应 [J]. 南开经济研究，2022（7）：162-181.

[36] 钟云华，汪凤霞. 大学生求职领域社会资本研究的三大争论及其根源反思 [J]. 清华大学教育研究，2021，42（5）：73-82.

[37] 吴克明，刘若霖，钟云华. 社会资本影响大学生就业的两面性研究：理性选择理论的视角 [J]. 教育与经济，2021，37（4）：65-71.

[38] 李静，陈超. 不容忽视的"软实力"：非认知能力与个体收入不平等 [J]. 劳动经济研究，2023，11（3）：120-144.

[39] 李实，李玉青. 非认知技能对性别工资差距的影响 [J]. 江西社会科学，2023，43（3）：37-51，207.

[40] 李阳，张文宏. 从自驱力到胜任力：非认知能力对新业态灵活就业人员作用机制研究 [J]. 学习与探索，2023（2）：31-38.

[41] 黄艳敏，申家丽. 教育如何改变命运？新人力资本视角下教育决定社会地位获得机制探索 [J]. 教育与经济，2022，38（6）：24-34.

[42] 李建奇，张抗私. 职业不匹配与收入不平等：基于多维技能错配视角 [J]. 现代经济探讨，2023（1）：40-53.

[43] 傅琼. 教育错配与薪资效应 [J]. 浙江社会科学，2023（4）：81-89，159.

[44] 宋健，赵秋婷. 青年职业与教育匹配、职业期望及工作满意度 [J]. 青年探索，2022（5）：51-64.

[45] 严红，程盛. 基于知识图谱的国际和国内心理资本研究对比分析 [J]. 心理学探新，2023，43（4）：343-353.

[46] 孟颖颖，白慧心，韩俊强. 学生干部经历对高校毕业生就业的影响：来自简历投递实验的证据 [J]. 中国人口科学，2023，37（6）：50-63.

[47] 葛玉好，杜慧超，吴清军. 大学生党员身份对面试通知的影响：

基于配对简历的实验方法 [J]. 世界经济文汇，2020（4）：1-12.

[48] 葛玉好，邓佳盟，张帅. 大学生就业存在性别歧视吗？：基于虚拟配对简历的方法 [J]. 经济学（季刊），2018，17（4）：1289-1304.

[49] 应好，蔡飞扬，杨雪倩. 人工智能赋能大学生职业生涯规划教育的路径探索 [J]. 中国高等教育，2023（15/16）：35-38.

[50] 赵曙明，张紫滕. 教育评价视角下的高校职业生涯教育变革 [J]. 江苏高教，2023（8）：44-51.

[51] 刘哲. 新就业形态劳动者职业发展状况调查报告 [J]. 人民论坛·学术前沿，2023（16）：70-73.

[52] 高婷婷. 美国一流高校本科生"职业生涯共同体"：组织特征与实践探索 [J]. 外国教育研究，2023，50（7）：44-57.

[53] 李彬，白岩. 学历的信号机制：来自简历投递实验的证据 [J]. 经济研究，2020，55（10）：176-192.

[54] 杨克，王玉香. 走不下"高台"：大学生就业社会适应困境的社会空间理论分析 [J]. 中国青年研究，2024（1）：14-20.

[55] 许丹丹，马榕璠. "孔乙己文学"背后的大学生择业症候及破解之策 [J]. 中国青年研究，2024（1）：21-27，13.

[56] 吴冰蓝，周丽萍，岳昌君. ChatGPT/ 生成式人工智能与就业替代：基于高校大学生能力供求的视角 [J]. 教育发展研究，2023，43（19）：40-48.

[57] 李长熙，张伟伟. 我国大学生就业研究知识图谱（2003—2021年）：基于 CiteSpace 的计量分析 [J]. 当代青年研究，2023（4）：100-112.

[58] 田丰. 择业大于就业：大学生就业意愿的趋势性分析（2012-2021）[J]. 学海，2023（3）：63-72.

[59] 孙慧，袁珊. 个体化视角下高校大学生的就业心态及职业选择 [J]. 青年探索，2023（4）：45-54.

[60] 陈小艺，赵海伟. 以就业力提升为导向的高校人才培养质量过

程监控体系构建研究：基于无边界职业生涯视角 [J]. 江苏高教,2023(7):100–103.

[61] 范俊强，黄雨心，徐艺敏，等 . 就业焦虑：毕业前大学生心理压力及其纾解 [J]. 教育学术月刊，2022（9）: 75–82.

[62] 李俊龙，单姗，徐彬 . 提升高校毕业生就业质量路径的分析与研究：基于江苏省 7 所高校的毕业生就业质量报告文本分析 [J]. 中国大学教学，2021（6）: 87–96.